情緒留白

All for Love
The Transformative Power of Holding Space

為自己和別人　保留空間
讓每次相遇都是　成長的開始

Matt Kahn
麥特・坎恩 著
梵妮莎 譯

各界推薦

高敏感人常常不自覺地，花了特別多的體力和精力在感受上，久了之後因為感到疲倦，不知道該如何面對，漸漸開始遠離「人群」，但我們仍然需要朋友呀。《情緒留白》的核心概念「保留空間」，正好是高敏感社交管理的正解，我們需要純粹的關係，練習不隨他人的情緒起舞，練習了解每個人都有自己生命的課題！

——茱蒂（Instagram療癒系創作者）

在這個不確定的年代，如何減少關係衝突、平息負向情緒，讓世界更趨向美好？

正在思忖之際，這本書如及時雨般到來。我很欣賞作者所倡導的「保留空間」，也就是尊重界線：接納個體的差異性，不干擾別人的想法，也不隨著他人的情緒起舞，以同理心和愛來取代批評與掌控。

作者精闢分析十個心法，不僅能自我提升，更讓集體意識擁有更好的連結。當我們彼此擁有舒適的空間，就能和諧共處，達成雙贏。

——**謝宜珍**（作家、身心靈講師）

對我而言，這本書談的是「和解」。

活在這個世界上，每個人都傷痕累累，那些傷害我們的人自身其實也帶著傷。我們需要先與自己和解，治癒自己的傷痛，進而在確立界線的前提下，也能涵容他人的傷痛，這是我們能帶給這個世界最大的禮物。

作者麥特．坎恩在本書中，以溫暖的筆觸、具體的方法，為我們真誠示範了何謂和解？如何和解？

——**羅志仲**（人際溝通講師、身心靈工作者）

空間，是一種可能性。看似什麼都沒有，卻也可以是萬事萬物出現的所在。在我熟悉的諮商場域中，會為案主創造物理上的空間、邀請案主在內心創造留給自己的空間，用以回應每個生命難題的探問，而這種能力更決定了案主後續改變的質量。在本書十個特質的引導之下，祝福你我都越來越有保留空間的餘裕，並有機會善用這個禮物。

——蘇益賢（臨床心理師）

致茱莉・狄特瑪：

與你的友誼是我曾獲得過最棒的禮物之一。

謝謝你的這段旅程，

以及我們一同進入的嶄新篇章。

CONTENTS 目錄

前言／一起探索保留空間的變革力量

現在是歷史上頗具標誌性的時刻。身處於仍在適應戴口罩和保持社交距離的世界，我坐在電腦前，為種族分裂事件深感錯愕，也為發生在我們國家首都的暴力攻擊而震驚不已。無論是以種族、文化、性別、性向、身分或觀點來區分，那些在世界各地蔓延的社會衝突裂痕，似乎只會擴大成更深的鴻溝。

雖然許多人認為人類的進化會將我們這個物種日漸推向絕境，但我認為這反而是千載難逢的機會，可以最大幅喚醒我們的意識。或許這是一個當今世界從未發現自己需要的警鐘，如果當前的衝突，其實是與人類同胞探索真正和平與團結的機會呢？這會不會是轉變為更有自覺、更富有同情心和相互聯繫的社會的一種方式？我們越來越意識到將每顆心與整體分開的痛苦會是如何。也許這就是人類進化到集體內心擴張的「水瓶時代」的方式，這可說是一個曠古絕倫時代。

作為此時代的路標，我們在他人身上感受到的每一項差異，都可能成為探索更深層連結的深切邀請。靈性不只是眾人私下悄悄討論的話題，它也能促使世界團結，這份重要性正持續迅速擴散到各大洲。當然，任何個人和集體成長的機會都需要一套技巧來幫助我們在這條軌道上航行。為了孕育一個願意比過往任何世代更好的進化物種，我們必須願意觸及內心，給予彼此都應得和渴望的尊重、認可和鼓勵。如果人類的天命是要擁有更多自覺和同情心，那麼每天受到啟發而施行的技能必須同樣植根於相同原則，如此一來，我們將成為所有人都希望看到的實質改變。這也就是為什麼你在這裡接受《情緒留白》一書所提供的贈禮。

保留空間的變革力量

你可能會自問：「保留空間對我和他人究竟是什麼意思？」作者暨教師普萊

特女士（Heather Plett）在其文章〈為某人保留空間意指為何〉中提及，保留空間「意味著我們願意在另一個人正在進行的旅程中與他並肩而行，不會做出評判、使他們感到不足、試圖導正他們或嘗試對結果造成影響。當我們為他人保留空間時，我們就會敞開心扉，提供無條件的支持，放下判斷和控制」。

休斯頓大學臨床心理學家沃克（Rheeda Walker）提供了一個補充說明：「保留空間意味著在沒有任何提示的情況下，主動對另一個人的情況或遭遇產生同理心，為那個人騰出時間，讓他去做自己需要的任何事情，比如表達傷害、憤怒或其他強烈的情緒，並以提供支持、沒有批判的方式，接受他們需要交流的任何事物。」

保留空間的重要性始於一項覺察，也就是意識到所有人類都處於「生存成長」和「情感成熟」的旅程中。每一個生命形式都是意識的體現，每一個生命都與充滿愛的神聖智慧源泉相連，其本質是不斷進化、成長和擴展，這就是為什麼每個時刻都是設計好要讓你置身其中——為了引導你度過任何能協助轉移下一個意識等級的情境。雖然個人意願會決定他們選擇多久進化一次，但這份富有啟發性的由衷支持能促使深層療癒，推動我們所有人取得最成功的突破。

真誠地向自己或他人提供「支持」這份贈禮時，這項善意會傳達以下訊息：大家在各自的道路上航行時，並不會像原本可能感受到的那樣孤獨——尤其是當他們知道如何以和平、以充滿愛的方式應對衝突。無論結果是否如同預期，又或是啟發意想不到的變化，每個互動時刻總是會為我們的進化提供幫助，每次相遇也提供了無數機會強化親密關係。我們越了解如何為自己的內在成長轉變保留空間，就越容易面對困難，即使面對的是其他人在批判、痛苦和恐懼帶領下，所做出的激烈反應，也能找出合適的應對之道。

為了成為這趟旅程中的一大助益，我寫下這本書幫助你們透過有意識的溝通來解決衝突，鼓勵所有人（尤其是高敏感族）以勇敢、自信和同情心擁抱千變萬化的世界。

我在書中會詳細介紹十項原則，幫助你將與人們互動的難題轉變為親密連結的神聖空間。每個章節都將幫助你培養一種特定的特質，得以最大程度利用正念做出回應，而不是讓情緒化的反應為你代言。我也會分享自己的生活故事，闡述這種以「心」為本的交流方式如何成為我的處世之道，以及將如何變成你所體驗之美。每章都會提供「重點支持聲明」，幫助你實踐分享每項原則，並為你的進化、你所愛的人以及不斷變化的世界貢獻好處。

重要的是要記住，掌握保留空間的藝術就像練習瑜伽，你無法簡簡單單就擺出某個動作，期待初次嘗試就能完美達成。你必須慢慢找到各個姿勢的訣竅，甚至加以調整好因應本身的需要、強項和弱項。保留空間也是如此，所以請永遠對自己溫柔以待。

透過降低你的情感護盾、放棄言語防禦武器、開始從新的感知示範探索現實世界，我很榮幸可以為你提供洞察、療癒的機會，解決衝突的必要工具可能會在沿途逐一浮出水面。

一旦承認透過匯集每個人的觀點可以學到更多東西，我們就會互相激勵，並轉變為這樣的世代：協助將無法永續的生活方式轉變成擁有更有希望、更多有意識的未來。

就讓我們開始進行

願你即將讀到的文字可以提供你回答這個大哉問所需的一切：當生活變得不堪負荷、不知道該怎麼辦時，我要對自己和周圍的人說什麼？

願書中的十項原則、特質和支持聲明能促成更多鼓舞人心的自我對話，而不是痛苦的內在批評。

願它們幫助你學習如何成為隱藏在內心深處、潛伏在身邊人們陰影中的傷口的好友。

願它們幫助你平復傷痛的記憶，原諒那些真的沒辦法做得更好的人，並教導你無論周圍的人行為舉止如何，你都能在平靜的道路上前行。

願它們加深你在人際關係中的親密感，幫助你感覺更投入生活、敞開心扉，讓你的聲音被聽到。

願它們透過讓你學習如何做到最好而幫助你獲得更多支持，並在不耗盡自身所有時間和精力的情況下支持他人。

願它們將你從完美主義、相互依賴和取悅他人的束縛中解脫，重新獲得你全然應得的個人力量。

願它們幫助你在面對那些視你為避風港、垃圾桶的人，能夠更有抵抗力。最重要的是，願它們幫助你意識到自己的經歷與周遭他人間的差異，讓你能夠基於自由做出擁有力量的選擇，而不是迷失在他人強烈的模式中。

我真心誠意感謝你探索一條人煙罕見的道路，作為給自己、你所愛之人、先於你之人、所有可能到訪之人的贈禮。感謝你在需要保留空間以細膩展現我們重生人性的關鍵時刻，探索保留空間的變革力量。

一切獻給光，獻給生命，獻給愛。

麥特・坎恩

CHAPTER 1

提供幫助
始於聆聽

在經歷人生絕大部分靈性體驗之前，我是一個情緒敏感、富同理心的孩子，每每將他人的情感體驗誤解為對方對我的負面看法。讓我的生活更加複雜的是，我非常樂於接受新思想、有無止境的疑問，而且注意力很短。當「內在好奇的興奮」與「無法完全專注於任何事情」兩相結合，會讓人陷入「不切實際」的循環中。這兩股力量交融雖可帶人探索靈性智慧，卻又沒有能力真正吸收。

童年時期我很熱中於交朋友，但無法與非常渴望認識的同儕在一起。我還記得當年很想了解同學們的生活，我會好好自我介紹一番，但是當大家分享的內容超出我短期所能吸收的，反而讓我陷入痛苦。

長大成人之後，我能更清晰地回顧童年。我在一個「相互依存」又有「高功能酗酒者」的家庭中長大，父母親聰明又充滿愛心，是我最大的支持者，但他們的情緒很不穩定。光從他們語氣和音量，我很早就學會自我封閉和退縮。如果聽到他們喊我的全名而不是小名時，就知道審問即將到來，讓我產生高度警戒心。也由於自我表達似乎會觸發父母的情緒，我開始害怕自己擁有的能力，並相信我的存在本身就會給人帶來痛苦。

成年後我發現父母親是我最早的「外部世界」模型。由於他們的突發情緒，讓我產生了對他人的恐懼，害怕自己的存在會傷害他們、害怕他們會突然攻擊我。為了自我保護，我學會封閉情緒、不理睬父母突如其來、連珠炮似的責罵，因此其他人講話超過一定時間之後，我短暫的注意力也會開始飄散。由於我父母會在「慈愛」和「憤怒」兩個極端之間翻臉如翻書，造成日後遇到有人進行深度分享，我就會下意識進入神遊狀態，因為預期家裡常見的情緒翻轉很快就會上演，我已經準備好承受他人的批判、拒絕、責備和情感上的遺棄。回想起來，我的疏離傾向一直都與「不關心他人」無關，而是由於家庭中不可預測的情緒波動，讓我沒有安全感。

隨著年紀漸長，我越來越意識到自己多麼希望其他人知道隱藏在我封閉外表中的純真。最終，當我真心對他人感興趣時，就能夠注意到其他人是多麼開放和感興趣。這需要勇氣，並願意傾聽、面對誤解和不贊同的可能性，這是我一生大部分時候都在害怕的事。

隨著每一次嘗試傾聽他人的聲音，我開始短暫察覺令人寬心的時刻。即使只是一瞬間，我也會清楚發現傾聽可以是種放鬆的行為。我也了解到，在害怕不被認同的情況下，就不可能真實地傾聽。我開始理解，自己越樂於了解他人的獨特性，就越感到輕鬆、減少恐懼，而這也讓他們有機會了解並接納我。雖然要花很多年時間才能把這一切拼湊起來，但當時我確實有個明確的覺察：我越是深度聆聽，就越不感到害怕。

這項新體悟甚至讓媽媽多次問我：「你怎麼了，麥特？你變得好安靜。」她會一邊用手背輕輕按在我的額頭上，看看有沒有發燒。她不曾了解、我也無法表達的是，我在傾聽的過程中感到多麼安全、舒適和滿足。曾經的煎熬或是對於被批判和逼迫、幾乎令人癱瘓的恐懼，現在變成了一種觀察他人個性的迷人方式。我甚至發現如果在父母可能有反應時深度傾聽，就可以留在自己那安全、放鬆的好奇心泡泡中，不會被他們的情緒爆發左右。

與此同時，我也注意到有不同程度的傾聽。第一種與「同意」有關：我同意他們所說的嗎？我同意他們對我的看法嗎？我同意他們的意見、信仰或觀點嗎？這些問題幫助我理解到，不同意他人的意見時我就會停止傾聽，以此抗議他們的想法和投射。只是一旦我這樣做了，熟悉的安全感匱乏很快就會回來。現在，我唯一的辦法就是討好他人，並為我自認做錯的事請求寬恕，以減輕我替他們承受的情緒負擔。

不管是否贊同任何人的觀點，我也發現了第二種更深層的傾聽。我不再去評判他人觀點，而是開始了解他們內在未處理的痛苦如何塑造他們的體驗。雖然這樣的理解耗時數年，但我的覺察迅速成長，讓他人的意見與他們對我的看法更無關，更去關注他們內心所蘊藏的情感衝突。

透過這種更深入的了解，我能夠看到父母極為不同的兩個面向：當他們敞開心扉時，分享的一切都是明智、具支持性且樂於助人的；一旦他們心煩意亂，大部分說出的話語都讓人覺得刻薄、片面、與現實不符。我感覺到造成傷害的始作俑者並非是他們的天性，而是那些剝奪他們能力的惡習和模式。

學習如何在不需要採納或批評他人觀點的情況下傾聽，幫我擺脫了在他人身上可能感受到的情感複雜性。當我們花更多的時間讓別人被看到、被聆聽，這項技能會自然而然演變成第三種更吸引人的傾聽層級，我通常稱之為鼓勵。

鼓勵的特質

鼓勵作為保留空間歷程中的第一個特質，是一種動態傾聽的形式。它是動態的，你不只是從被動、順從的角度聽到其他人希望分享的想法；相反地，你在他們正在經歷的旅程中扮演一個積極角色——這段可能與你會產生共鳴的選擇、看法、興趣、抱負和洞察有所不同的旅程。

發揮鼓勵這項特質的時候，並不是試圖改變任何人的想法，也沒有非要他們轉向支持你的觀點，對自己的信念也不會因為聆聽他人的生活體驗而減少，這有助於你記住一點：傾聽的行為不會讓你成為他人敘述的一部分。身為一位動態傾聽者，「鼓勵」特質允許你在不需要找到共同點的狀態下，仍可誠摯地支持他人。例如，你可能會說「我聽到了」、「感謝你與我分享你的觀點」、「我們會一起度過難關」。這些是傳達鼓勵支持的方式，同時不必盲目同意他人觀點。

有時，他人的想法、希望和願望可能跟你對現實的看法相去甚遠，但是由於鼓勵是意識的其中一個面向，你的動態傾聽將透過支持他們的道路來幫助擴大他們的覺察——這條道路最終可能將他們引導到一個極為的清晰時刻，無論當下這些人在你看來是多麼失衡。

在人際溝通的初始階段，與全心全意贊同你的人（朋友、家人或具有相似精神興趣或政治派別的人）分享時，你可能會找到偉大的目的。事實上，你可能會從許多共同的觀點、信念和想法中獲得轉瞬即逝的快樂；但是，當「與志同道合的人連結」成為「必要」而非「一種」選擇時，就會窄化互動的真實滿足感，因為這會讓你相信只有在每個人都認同的情況下，對話才會令人愉快。

隨著意識擴展，你會發現自己不僅僅滿足於與其他人的想法、言談、行為或選擇的相互認同。透過鼓勵這項特質，你將拋開眾人觀點一致的必要性，敢於支持他人旅程的獨特，因為這麼做同時也支持著你自身的進化。由於現實是由合一意識的靈性法則所支配，你在別人的生活中給予越多鼓勵，就會感受到越多鼓勵，即使別人無法以你希望的方式與你相處。

鼓勵不僅為強化情感連結開啟大門，還能讓你不再認定自己有責任糾正眼中那些似乎是被誤導或有著錯誤認知的人。

讀到這裡，有些人可能認為如果別人與自己的選擇不同，那麼支持他們的選擇會是很虛偽的一件事。溝通是一支分享和傾聽之舞，但「如果我是你，我會做出不同的選擇」的控制性觀點卻很少能行得通。這種無意識的傾向可能會造成更多的衝突，特別是如果它讓你相信其他人若抱持不同的觀點，會減少你與自我內在真相的連結。

每當兩個人在不傾聽對方的時候說話，就會引發一場控制權之戰，這是因為你的選擇和觀點造就了獨一無二的你，但同樣地，其他人的選擇和觀點也造就了獨一無二的他們。無論我們的行為舉止為何，每個人始終都被引導透過自己的方式進入更高層次的覺察和成熟。儘管你可能希望接觸不同版本的他人，但你無法控制對方的命運是如何發展，反之，你正在見證經由提供別人支持，自己能夠進化多少。

透過鼓勵特質，每個在其中的人都會自然而然地發生轉變，因為療癒的好處仰賴「被傾聽」這個簡單的舉動。這就是為什麼在保留空間的整個過程中，你會了解為何傾聽永遠都是助人的開端。你越能坦率傾聽，就越發現自己的能力在鼓勵的帶領之下自然展現。同理他人的經歷，而非僅停留在表面上的傾聽，能夠讓你明顯感受到自身的安全感。

從空間保留的角度來看，與其對他人所說的話表達意見，不如從更深層次上感受他們的話語，這將幫助你從更以心為中心的角度了解他人旅程的獨特性。你可能會問自己：這個人是否經歷過什麼感受或曾忍受過什麼事情，驅使他這樣思考、說話或行動？藉由這個富有同理心的問題，能激起心中那股「感興趣」的力量，讓你坦然為他們的心提供鼓勵的祝福，不管你們雙方之間有什麼分歧。這是邁向情感自由的一大步，因為即使他人不支持你，你也勇於成為對方旅程的支持者。與一般的觀點相反，他人吝於給予支持未必真的會令你失望；相反地，當你拒絕向那些不願放開心胸交流的人提供支持，會很清楚發現失望是如何產生的。

為什麼大家不能同樣開放地與你交流呢？因為他們正處於痛苦中。為什麼你不能永遠是理想中的自己？因為你也正在痛苦之中。沒有向身陷痛苦中的人表達善意，往往會造成失望；能夠越早明白這一點，你也就越容易向他人敞開心扉，即便他們看起來再封閉、疏離也一樣。

人際互動是自由意志的表達。人在有意願分享時往往會問：「我可以佔用你一點時間嗎？」這句話背後真正的意思是：「無論我準備分享什麼事情，你是否也願意傾聽和鼓勵？」從這個更有覺察的角度來看，衝突往往發生在那些更有興趣去證明自己的觀點、而非去傾聽的人身上。同樣地，當傾聽和鼓勵成為你的主要反應時，你可以在每次互動中廣納更多平靜。

隨著逐漸養成傾聽的習慣，你會看到鼓勵這項特質不只是盲目地去安撫一個人的主觀體驗，反而是有意識促進每個人進化的方式之一。

- 透過鼓勵他人，期盼你能在自己的一生中感到更受鼓舞。
- 透過深入傾聽，而非「只是單純認同」，期盼你可以同等發展出聽到自己所需聲音的空間，即使看似除了你以外沒有人願意聆聽也是如此。
- 期盼你透過慷慨給予的力量，發現自己真正的圓滿和生命力——無論你的給予是如何被詮釋或接受。

可能會出什麼問題呢？

雖然大多數人的目標是掌握新技能，希望能夠讓日子更舒服，並盡可能減少衝突，然而在有意識學習溝通的過程中，通常發展不會這麼順利。藉由面對每一個可能引導成長的情景，你可以學會以最開放和最有活力的方式與身邊的人互動，這也鼓勵你走出舒適區，透過實際應用的優雅和勇敢，精進「保留空間」的做法。

你會在這條路上獲得成功、重新來過和犯下一些經典錯誤，這都只是為了讓你能牢牢扎根在這個世界上。在解決本章和本書中可能出現的問題時，我的目的是幫助你克服對失敗的恐懼，使你不會為了正確行事而忽略了那些在探索人生不可預知之的旅行中，會擁有的樂趣和興奮之情。

儘管你用意良善，但人生是完全無法預測的，旁人可能真的很不公平，有多不公平？這裡有一些例子：

- 你以最開放的心胸與人互動，得到的多數回應卻只跟他們受傷的過往有關，而不是你當下所代表的連結新契機。
- 由於你對其他人的經歷有著濃厚興趣，讓他們無法繼續逃避，你可能會因為讓人重溫痛苦記憶而備受指責。
- 有些人會因為你對他們的經歷感興趣而大發雷霆，因為這打斷了他們對於受排斥、自卑、自憐和自以為是的內在聲音。
- 你可能會鼓勵到堅持己見、遇人就要爭輸贏的對象，他們透過爭對錯來避免察覺自己更大的弱點。

不管是驚喜於獲得更深層次的連結感，還是著迷於他人的反應，無論你引發什麼結果，這會有什麼問題呢？

「不是每次都成功」是很正常且自然的一件事。即使你是唯一一個意識到自己成長的人，能成為出色的「空間保留者」也是美事一樁。我們之所以投胎到地球就是為了學習，世界上沒有任何一個人類是已經不需要再成長的。

請記住你正在培養一套技能，它能確保無論旁人對你有什麼反應或造成什麼影響，你都可以不斷成為自己最大的支持者，取得自身力量，以憐憫之心取代激烈衝突。儘管可能會覺得與他人有些疏離，但是只要「保留空間」此舉取代了舊有的反應模式，你就可以保持與自己的連結。即使是在最不確定的時刻，也可以仰賴本身堅定不移的支持來支撐自己。你將緩慢但確實地成為自己進化之旅中的盟友，對未知的恐懼將轉變為一種興奮，勇敢前往你的察覺從未抵達之處。你從這個空間會看到，人類那些令人失望的行為，都是未經處理的痛苦正在乞求接納、寬恕和愛所造成的，它們不知道如何信任或真正接受。

鼓勵有時會感覺像是一種超能力，有時則像一場在不快樂的人群中瘋狂蔓延的瘟疫。「鼓勵」這個詞彙讓你想到，要支持那些鮮少受到支持的人是需要勇氣的，他們可能不知道如何接受你的善意。這是他們旅程的本質，請讓他們自己決定是否、如何以及何時接受你提供的贈禮。你的旅程只是為了決定你給予的深度和頻率。

最重要的是，無論他人的反應如何，你所提供的「鼓勵」都會成為你在重要時刻，可以為自己提供更大支持的贈禮。其他人否認或忽視你所給予的支持，很可能是因為在創傷中變得麻木，所以第一時間根據過往經驗將你的慷慨認定為威脅。那也沒關係，請恭喜自己，你有嘗試過了。你給了某人一份贈禮，為未來成長的美麗播下了種子。

有時候你甚至會吸引注定出錯的經歷，這都是為了幫助你面對和超越對失敗的恐懼，才能在下一次以更開放、真實和輕鬆的方式提供鼓勵。儘管聽起來很瘋狂，但生活會編排一首混亂的交響樂，讓你獲得好壞參半的結果，這樣你就可以對自己說：「哇，這真是錯得離譜。這不是我的期望或原意，但不知何故，我仍然完整，而且發現別人就算無法接受我能夠給予的東西，也沒關係。這幫助我注意到我們經歷上的差異，我們其實不需要找到共同點，所需要的只是讓我敞開心扉。」

這也表示，想與人連結不必總是建立在「探索人際關係中的痛苦」之上。並非每一次對話都必須像挖垃圾箱那樣，深入人生最不堪的回憶，互動交流並不總是需要處理情緒才有意義。同樣地，當你以由衷的鼓勵來尊重他人的現實，便不需要因為他們的日子不順、心情不好或困境不斷，而停止提供支持或破壞你的體驗。

隨著每一次嘗試，將越來越著重你的貢獻有多純粹，如此一來你才能真正因為「給予」這項行為感到滿足，而不是期待從別人身上獲得他們尚未準備好提供的回報。

設定鼓勵的意圖

為了放下對結果的執著，並為自己和他人保留鼓勵的空間，請大聲重複以下的聲明：

我要透過鼓勵特質，為自己和他人保留空間，而不執著於結果。我允許我的鼓勵沒有任何目的，就只是為了療癒大家才給予充滿同情的支持。我理解每個人都在屬於自己的獨特旅程中航行，只能以他們能力所及的方式看待我、解讀我的行為並接收我的禮物。我有意識地從一個以心出發的空間行動，尊重他們的旅程，因此我不打算干涉，只是單純提供充滿愛的支持這項禮物。

我允許自己提供的鼓勵被接受、拒絕、否認，或被所遇到的任何人以自身幸福的方式詮釋。如果這讓我感到受傷、引發過去創傷的回憶、讓我對他人更加不信任，或者讓我因被拒絕而自我封閉、因怨恨而大發雷霆時，能有個神聖空間與自己的感受相處，並對自己的任何一部分給予鼓勵的贈禮。我實踐鼓勵的特質，以作為提醒他人自己的真正價值，並讓他們知道：儘管感到孤獨、被排斥或傷心欲絕，但他們並不孤單。無論是給予自己或他人、還是作為對人類的積極祝福，我歡迎並允許鼓勵的特質向我展示，來自給予的恩慈所帶來的新成就感，而非我對他人的期望。

鼓勵的支持性聲明

「我很想聽到更多關於讓你產生這種感受的事情。」

透過鼓勵這項特質進行傾聽，你會願意更了解形塑每個人的細節和環境。雖然對方的文化教養和經歷與你不同，但是內心那些害怕面對的情緒可能是你也曾感受到，或者已經內化的情緒。鼓勵的特質可以讓其他人有安全感，進而願意分享，還可以幫助你處理自己未解決的創傷。這都只需要你對他們正在經歷的事情，產生更大、更具同情心的興趣。

許多人將難以忍受的殘餘記憶投射到眼前的現實，因此，常常認為新的經歷不過是痛苦過去的延伸，導致錯失迎接不同結果的勇氣或好奇心。這就是為什麼「保留空間」的主要目標之一，是用你所願意給予的鼓勵，親切溫柔地邀請別人展現自己的脆弱。

你可以這樣鼓勵對方：「我很想聽到更多關於讓你產生這種感受的事情。」這樣的支持聲明也能應用於療癒自己，我在前作《愛是圓滿的開始》

中詳細介紹與內在小孩連結以療癒個人心靈創傷的方法，有助於你在自己身上找到一直以來渴望且需要的家長、朋友、監護人和伴侶。為了與你的內在小孩建立連結，知道該說哪些話是很重要的，所以「我很想聽到更多關於讓你產生這種感受的事情」這樣的聲明，可以邀請你內在那些等待被看到、被聽到的部分，進行更深入的分享。

如果只是一味糾正內在小孩，而非與之建立連結，你就會像一位不請自來的人生教練，而不是內在小孩最大的支持者。這可能會造成更強烈的不信任和衝突，因為他們只想知道離開躲藏處是否安全，最能提供安全感的方式之一，就是真誠表達你的興趣。

在走出痛苦的陰影並進入意識的光明面之前，你的內在小孩需要知道他可以盡情分享任何感覺，不會像以前那樣被糾正、羞辱、懲罰、拒絕或拋棄。雖然處理過往的創傷事件不見得是你目前的優先事項，但讓內在小孩能夠好好分享非常重要，這讓你有機會從更覺醒的成人角度重溫這些不堪的回憶。

內在小孩也可能對這句支持聲明沉默以對，但這只表示你們仍在建立信任的過程中。內在小孩看似不願意參與，其實是在等待更多持續的互動，展現你確實比那些以前那些帶來創傷的人事物，都更加安全、可靠和值得信賴。無論他感覺有多抗拒，你的鼓勵就是他所需的一切。

在與其他人互動時也是如此。他們自然會想隱瞞那些痛苦經歷的細節，但是藉由支持聲明來表達鼓勵，你讓自己成為一個安全的連結空間，這樣有利於打破潛意識中的不信任模式，向他們展示「無論以前的情況有多惡劣，這一刻都與當時大不相同」。

無論是藉由支持聲明、還是你內心渴望提出的任何問題，你會開始發現真正的親密關係所帶來的無窮滿足感，都是來自於走出舒適區，並勇敢伸出援手。

鼓勵的行動

學習如何保留空間，並且成為貼心、鼓勵人心的人，你必然會在自我療癒之旅中更進一步。

也許你會意外發現自己成為同事在收到親屬噩耗之後，讓他們可以暫時依靠、哭泣的肩膀。無論事件看起來有多不舒服或出乎意料，你都可以擁抱他們或是把事情放在心上，提供更多你所能想到的支持。

也許你正握著垂死親人的手，透過提供他們無法給予的善意，來療癒那些因為受到忽視所造成的傷。與其花大半輩子等待對方道歉，鼓勵這項特質會啟發你帶著愛以身作則，你會因為深刻的貢獻而向上提升，不再受困於「要從那些無力給予的人身上收到回饋」的想法。

與其對社交媒體上的酸民言論做出批判性回應，不如利用支持性的鼓勵文字開啟「安全感之門」。由於世界各地的人都聚集在網路上，所以鼓舞人心的回覆將幫助大家學習如何以更具支持性的方式互動。

與其譴責那些習於批判、貼標籤、爭論政治陰謀論的人，鼓勵特質會讓你認知到這些都是人出於絕望所產生的舉動。如果你讓自己最需要療癒的部分對他們的無意識起反應，就會讓對方的創傷有能力淹沒你、耗損你。相反地，當你察覺到他們的痛苦，無論這些內在意識被埋得有多深，你都能針對這一點做出反應。不妨想像一下，用「我看到你很痛苦」來回應一個猛烈抨擊你的人會如何？也許承認他們內心的衝突有助於他們繼續進化、加深親密連結，而非製造更多不和諧。

如果遇到不同性別、種族或信仰體系的人，要求你說明在各種社會議題上有何貢獻，「鼓勵」將如何引導你做出回應？既然你無法全然了解一個人的觀點，或許你可以邀請這些曾遭受暴行、忽視、性別歧視等處境的人，來分享他們最能引起討論的經歷。透過說出「我很想聽到更多關於讓你產生這種感受的事情」，你便是在請求能夠更深入地理解他們的絕望，讓自己能繼續擔任解決他們困境的一分子，找出更好的解方。

如果想為他人提供一個更自覺、更有愛的性別或族群榜樣，不讓他們因偏執和迫害而受傷，又該怎麼做？從鼓勵的角度來看，你會開始把自己所擁有的「特殊待遇」，重新理解為「幫助生活周遭不斷受到不當對待的群體」的一份特殊榮耀。

這就是愛的力量的體現。保留空間所能提供的深度療癒，正是改變這個世界所需要的同情心和耐心，而這也是無論什麼情況，「幫助」總是從「傾聽」開始的原因。

鼓勵的日常實踐

如果想將鼓勵的特質帶到覺察之中，請嘗試以下的實踐方法：

- 想學習如何不侷限於最表層的意見交流，請收看新聞報導。雖然每則報導的敘述或所呈現觀點跟你不同，請利用這些素材進行「刻意練習」，嘗試去鼓勵螢幕上這些受訪者的生活之道。如果新聞主播正在播報，請聚焦於「他們正在從事自己的理想職業」這樁美事，而非批評他們口中那些編寫好的播報詞。

如果報導了一則不幸故事，請不要緊張地轉台，而是勇敢當成一個練習「保留空間」的機會。觀看這些畫面要是讓你難以承受，請嘗試多深呼吸幾次，提醒身體「你與它同在」，所以它可以放鬆、在安全狀況下保持開放。

- 想強化鼓勵特質中的「無私」面相，下次與人共進午餐或通電話時，不妨把「詢問對方生活中有趣的問題」當成這段交流的目的。當你發自內心感興趣的時候就會專注在對方身上，除非他們主動詢問才會分享你自己生活的細節。一開始這麼做可能會觸發你內在的主要傷痛——沒有人看到或聽到你。然而，那些有空間和能力接納你的人，總是會透過提出感興趣的問題來接納你。請想像一下，當你懷著支持他人的目的進入一場對話，知道自己會興奮地鼓勵對方、而非執著於對方能提供多少回報，你會發現一股更神奇的成就感。
- 檢視手機、通訊軟體上的聯絡人，傳送帶有鼓勵性質的訊息給他們，提醒生活中是有人在關注和支持他們的。

CHAPTER 2

這與「他人所不知的」無關

我的父母反映了許多重要的人生課題，但有時不是透過他們所分享的智慧，而是那些令人困惑的言行舉止，比方說，他們常藉由批評周圍的人來展現自己比較聰明。無論是抒解工作壓力還是跟鄰居一起出去玩，對旁人所面臨的困境他們都很少展現同理心。在我看來，他們就像是在進行一場幸災樂禍式的嘲諷馬拉松，藉此排解他們所壓抑的情緒。

年幼的我只能躲在房間裡靠打電動獲得安慰，將他們小心眼的種種嘲弄隔絕在門外，然而，他們施加在他人身上的這股殘忍讓我非常痛苦。如果現場有樂意洗耳恭聽的聽眾，我父母甚至會加油添醋一番。他們有一群臭味相投的朋友，這樣的行為對這群人來說是再正常不過，但我直覺知道，這不是我想要的成長方式。

這跟在學校裡受到霸凌是不同層次的事情，霸凌者是透過壓迫他人來抑制自己的不安全感，但是當我在最信任、最渴望得到愛的兩個人身上看見這種破壞性的行為，受到的傷害可說是無法比擬。即使我不是父母親言語攻擊的目標，他們對別人的詆毀總讓我感覺自己也受到羞辱，這些八卦議論跟著進入我的體內，我經常私下淚流不止，好像我就是他們批評的對象。

在某場特別令人不適的八卦派對之後，隔天早上我鼓起勇氣對父母說：「昨天很吵。」

「對不起，親愛的，我們只是玩得很開心。」媽媽回答。

這句話讓我很困惑，所以我繼續說：「你們玩得很開心，但是說了很壞的話。」

我父母都裝傻，反問我：「誰說了很壞的話？」

儘管害怕自己會成為他們接下來攻擊的對象，我還是回答：「就是你們。你們說其他人、老闆、餐廳的服務生……」

他們終於看出這件事讓我非常困擾，現在兩個人都剛好處於「好爸媽模式」，所以這樣告訴我：「我們是在開玩笑啦，大人都是這樣。」語畢，他們還抱了抱我。

我回到房間這個避風港，疑問並沒有解決，反而變得更加困惑：為什麼這種傷害性的行為對他們來說如此正常？

長大後，為了深入理解這樣的行為模式，我開始進一步處理這些痛苦的記憶，很快就察覺父母身上的傷。我外公是個病態說謊者，母親的創傷來自於遭受遺棄以及對他的失望。外公中風之後，母親成為他的代理人，外公的不誠實和無能越演越烈，母親很快就無法容忍他的欺騙行為。因此，每當母親在他人身上看到她所認定的「無能」，都會在不知不覺中向他們釋放她無法向我外公表達的所有憤怒——這個男人終生精神錯亂，還讓她感到自己被遺棄、不重要和被剝奪許多應有的權利。

我父親的創傷則是與遭受雙親批判有關。他出生的年代還沒有將「閱讀障礙」視為一種疾病，患者通常被認定是天生腦袋不靈光、是笨蛋，他後來不顧我祖父母的期待，確立了自己的人生方向。他沒有去醫學院、成為一名外科醫生，也沒有接手祖父的私人診所，而是發誓要以業務身分取得成功。

我父母在各自的領域都取得一番成就，並且自豪地在繁華的美國郊區撫養我和姐姐長大成人。可是，母親常會很快將她對「無能」的看法投射到別人身上，父親則像以前自己受到的對待那樣，草率地幫他人貼上「愚蠢」的標籤。成年的我開始看出他們如何利用別人的事情來分心，藉此逃避自己的父母所能引發的痛苦和失望感。

我記得小時候問過母親對外公的感覺，她會回答：「不要讓我想到這個。」

「你看起來很沮喪。」我說。

她停下腳步，怒目向我靠過來：「我才不會讓那個男人有機會影響到我。」

我父親會在這時候介入，禮貌地引導我走回自己的房間：「你媽媽今天很累了。」

等我關上房門，母親就會將她痛苦的情緒投射到我父親身上：「我經歷了這麼多，你為什麼還要問我這麼多問題？」

這樣的質問會讓父親覺得自己不夠好，於是回擊：「我只是想了解一下而已，你為什麼要凶我？」

他們的衝突其實很有意思。我父母各自因為自認另一半不知道的事情，而怨恨對方，並為此進行一輪又一輪的激烈辯論，試著讓對方知道自己錯得多離譜。爭吵的音量和強度繼續升高，小時候我常怕他們互相傷害、怕鄰居報警，甚至是威脅要離婚。

然而我內心深處知道，如果沒有這段相互依存的關係，他們的愛就無法延續。為了平息他們的衝突，年幼的我極力想成為他們的危機顧問，希望自己能為家庭互動找到一些緩衝（我的介入其實會使相互依存的關係延伸到自己身上）。只要他們吵到一定的程度，我就會無法控制自己，大吼大叫地要他們安靜，不然警察可能就要上門了。

然後我會對著母親解釋說：「爸爸只是想愛你！」她會立即扮演受害者：「你是在指責我嗎？」

父親會加入戰火：「不准這樣和你媽媽說話！」這番話是背叛，激怒了我：媽媽內心的惡魔把你扁得一塌糊塗，現在你竟然在幫她講話？是等一下你們關起房門繼續吵架的時候可以減輕傷害嗎？

我最初是用這種「拯救他人模式」來應對身邊突然爆發的情緒波動，後來我成為富有同理心的療癒者時，這種模式出現更微妙的意義。我在療癒職涯的初期發展出一套促成更深層相互依賴的公式：我將自己定義為靈性拯救者，周圍都是渴望被拯救的人。我雖然為他們提供洞見，但不知何故，一直無法擺脫「我沒有真正幫助他們學習如何為自己保留空間」的感覺。我越常發現自己的「救世主」傾向，甚至會因為直覺「我必須拯救這個人」而打斷對方的分享，我就越開始看到這種方法的侷限性。

關於父母親那些批判傾向的記憶逐漸浮現時，幫助我緩解內心「靈性拯救者」衝動的深層解決方案出現了。從更客觀的角度重新審視這些過往，直覺也一邊詢問我：「最能描述你父母行為的形容詞是什麼？」答案是「否認」。直覺又問：「與『否認』相反的是什麼？」我立刻知道答案是「肯定」。

獲得這項覺察之後，我開始自我挑戰「提供肯定他人經歷的空間」。隨著肯定的特質在內心日漸成熟，我發現了療癒的潛在新視野。這與教導、拯救別人無關，而是我可以如此充滿愛地保留這個空間，讓他們最深層的真相得以被理解。直到那一刻，我才覺得自己提供了真正的療癒服務——無論他人有多想從我這裡獲得拯救。

肯定的特質

「肯定」作為保留空間的第二個特質，提供了「接受他人的個人掙扎」這項贈禮。雖然想像「如果對方能從我的位置了解我看到的事情，他們就會變得更好」非常容易，但最深刻的洞察通常來自於你提供的肯定，而非一連串的糾正。無論是出於善意，還是試圖讓對方變得更像你所希望的樣子，拯救模式都經常造成誤解，尤其是急著要他們去接收、處理和接納更高層次觀點的時候，就更常如此。

無可否認的是，我們很難放棄拯救他人的傾向，因為不這麼做感覺就是看著對方受苦，進而引發你深深的內疚——彷彿只要自己無法幫助他們轉變，就會加劇他們的痛苦。但是，就像毛毛蟲如果不鼓起勇氣自己破繭而出，便無法蛻變成蝴蝶，人也是如此。除非一個人能得出屬於自己的內在結論，否則是無法完整內化這股積極改變的必然性。

不管你多麼強烈地希望別人改變行為或是看事情的角度，真正的同理心是會放手讓療癒以自己的步調發展。一旦對方的痛苦獲得認同，就會開啟一個更大的空間，讓更進一步的轉變得以發生。這可能不會在你想要的那一刻發生，然而它一定會發生在最好的時刻，因為宇宙知道每個人進階到新的意識層次時，所需要累積的經驗各不相同。

「肯定一個人」就是幫助對方看到這些發生在他們身上的事情，對於自己正在進行的獨特旅程是有目的和價值的。無論是他們突然領悟一項最高真理，或者只是在個人進化的進程中邁出的一小步，這些觀點不需要非得是最高真理才能成為通向更大覺察的墊腳石。在受到肯定的同時，他們也會感覺到連結的產生，有助於在他們覺得自己是唯一遭受眼前痛苦磨難的時候，記得自己其實並不孤單。

有些人對事情解讀與現實狀況天差地遠，你反而更有可能透過提供充滿愛的肯定（而非拯救他人的衝動），幫助他們察覺到更廣闊的觀點。值得注意的是，這並不表示你「贊同」對方的觀點，只意味著你是藉由「認可」他們所擁有的經驗來支持他們的成長。

舉例來說，如果有人告訴你：「我今天過得很糟。」一個表現出肯定特質的人會回答：「我懂你今天過得很糟。」你並不是在同意他對日子好壞的評分標準，而是認可他的遭遇是每個人都會面臨的普遍情況。

反之，若你任由內心的拯救者牽著走，可能就會說出「如果我是你，我會這樣做……」、「看吧，我早就提醒過你……」等話語。如果內心拯救者是比較靈性傾向的，你可能會認為自己得解決背後的靈性問題，而提出以下建議：

- 「也許是你的頻率太低了。」
- 「你應該去顯化一些不同的東西。」
- 「你的前世可能犯下可怕的錯誤。」
- 「也許你在抵抗。」
- 「我認為你的脈輪能量很糾結。」
- 「你是什麼星座？」
- 「你的生命靈數是多少？」
- 「你一定不是素食主義者吧。」

● 「你是獨立存在的個體，不是嗎？」

這些只是幾個小我如何使用靈性概念來指責他人的例子，都是一種檢討受害者的言語。拯救者可能會堅持自己是用心良苦，但這股拯救他人的衝動只會讓身處痛苦的人感到自己是失敗的、不被看見和不被肯定，因為在那些時刻，當下的陪伴是他們唯一需要的幫助。

即使對方乞求你出手拯救自己，你所能提供的最佳援助是替正在發生的療癒保留空間，這遠勝過幫助他們逃避療癒過程。

若能充分發揮肯定的特質，那麼無論別人所抱持的態度、觀點為何，你都會願意支持他們。潛意識通常會根據資訊的異同來進行分類，因此除非一個人理解到自己的看法有謬誤，否則他是不會認同你的觀點才是正確的。即使對方同意了你的觀點，他也很可能因為感到挫敗而選擇離開，這是放棄個人力量的另一個例子。你可以從這個角度看到一點：為了幫助別人能真正地療癒，表達支持會比提供糾正更有用。

我們每個人都在走一段屬於自己的旅程，同時會面臨大量的情感體驗，而這些經歷發生在大家身上的順序都有所不同。透過肯定這項特質，你可以帶領大家接受那些過去常被視為「懲罰」的經驗，特別是在情況往最不樂見的方向發展的時候。

以「肯定」取代「拯救」的衝動，能夠幫助他人記得自己的經歷不是偶然或錯誤。每個人處理事情的方式都是其來有自，絕對不是他們做錯事的後果。我們說再多可能都無法讓別人明白這個道理，不過一旦去肯定他們的經歷，他們便會嘗試以新的信念、更大的勇氣和更深的連結感，來迎接意想不到的變化。

舉例來說，假設你正在陪伴一位無計可施的朋友，他可能會說：「我就是不知道該怎麼辦！」雖然你內心的拯救者已經準備好提供五個建議、圖表和簡報來說明你的想法，但是內心的空間保留者知道：這其實無關乎知不知道怎麼辦。假設自己扮演的角色目標是「讓別人的經歷變好」很容易，但你內心的空間保留者提供了「陪伴」這份禮物，幫助他人無論在什麼狀況或心情之中，都能意識到自己還ＯＫ。

此外，為了擁抱肯定的真正力量，學會區分「肯定對方的經歷」與「安撫對方」的不同之處，是很重要的一件事。「安撫」是無意識、盲目地同意他人的信念、觀點和看法，你可能會反射性地點頭贊同：「我同意你的看法。」「沒錯，完全同意。」「當然。」至於肯定對方的經歷，你會說的話語則是：「謝謝你的分享，你有權讓大家聽見你的心聲。」我們經常以安撫他人來平息衝突，雖然通常是出自好意，但主要的目的還是為了維持和平並避免被拒絕。想要迴避人際關係中的痛苦、盡可能享受其中樂趣是最自然不過的事情，但只有當我們不再躲在盲目同意的面具底下，才能保留空間。

除去安撫或拯救兩者的干涉，肯定的特質能幫助大家更能接受自己的種種遭遇，同時不破壞生命準備送上門的覺察時刻。

即使是為自己保留空間，「習慣性安撫或糾正自己」只會加劇你內心的不平衡感。我們在遭逢人生低潮的時候，往往渴望能找到新的生活目標，但實際上，要讓這股迫切的掙扎求生感煙消雲散，我們最需要的是自己的支持陪伴。「為自己保留空間」從來就與如何解決問題無關，它其實是你從失敗中找到的強大復原力、在混亂中找到的清晰、在絕望中找到的重生勇氣，因為你是如此深情地擁抱和重視自己的需求。

透過肯定這項特質，你就能感受到更深層次的支持，幫助你無論在生命的高峰或低谷，都能對人生各式體驗所能帶來的進化價值，保持開放的心態。

可能會出什麼問題呢？

在保留空間的過程中，你可能會遇到一些尋求支持、但只希望你贊同他們觀點的人。這並不是肯定的目的，所以面對別人因為現實不如己意而產生的情緒，你不需要將它們放在心上。當你選擇肯定他們的經驗而非觀點時，以下是其他人對你常見的批判：

- 如果你沒有盲目贊同他們的處事方式，有些人會抗議你沒有給予支持。
- 你不過是一邊保持自身的觀點，一邊給予對方表達自我的權利，但有些人會在羞辱自己之後把責任推到你頭上。

- 有些人非常希望被你拯救，所以會極力逃避內心強烈的情緒或自己應負的責任，然後把所有力量都交給你。
- 雖然你已經付出很多時間和精力，有些人分享的經驗超過你所能負荷的程度。如果你無法按照他們的期待、長時間陪伴在旁，他們可能會視你為另一個拋棄自己的人。
- 你可能因為多次心軟而採取「拯救模式」，最終發現這樣的付出根本無法帶來長久的改變。

有些人可能會讓你陷入以上這些困境，又或者你正與他們同處於這些模式裡。不過，你一直以來都知道，如果只是一味同意或跟著同仇敵愾，你並不會為他們的生活帶來更大的助益。保留客觀空間讓別人能夠傾瀉內心感受，並不會使你成為冷漠、不表態或逃避的人。

當你選擇保留空間，就能得到「支持他人需求」的具體機會，即使他們當下的需求只是抗拒現實、在絕望中掙扎。然而，就像手術後的疼痛不會阻止那些愛你的人到醫院探望你，你同樣能成為每段生活體驗中，忠實且堅定的肯定者——即使你的言行似乎無法造成任何一絲改變。請記住，你支持他人並不是為了控制他們的經驗最終會有什麼結果，你是在肯定他們所分享的感受。

有些人非常討厭自己所體驗到的事情，因此知道你沒有他們所需要的解決方案之後，可能會將你視為另一個問題。然而，儘管你可能無法準確給出他們想要的東西，但你隨時都能夠提供的是陪伴和支持。

設定肯定的意圖

為了釋放你身上的拯救模式，並為自己和他人保留一個肯定的空間，請大聲念出以下句子：

我要藉由肯定的特質為自己和他人來保留空間，而不是扮演拯救者的角色。我允許肯定能從充滿忠誠和愛的空間中浮現，讓肯定所能提供的陪伴，成為一切的解決之道。我理解到自己和他人內心擁有的智慧，其實並無二致，只是大家會在各自的時間點、透過不同方式收穫自己的覺察。無論小我有多堅持要去教導大家做「對的事」，在體認到最純粹的支持能夠帶來的益處，以及此舉如何幫助我和所愛之人度過痛苦的時刻，我放下所有的批判和拯救傾向。

我所提供的肯定是為了支持每個人的開放性，就算它會被曲解、忽視或拒絕，甚至是面對與我相對的立場也一樣。若是這些情況傷害了我的感情、引發過去創傷的回憶、讓我對他人更加不信任、變得自我封閉或心生憤恨，我會為自己提供一個神聖的空間與感受相處，並向任何受到否定的部分，獻上肯定這份禮物。我尊重肯定並以此提醒他人，不管眼前的情況有多絕望，我們的身旁時時刻刻都存在著支持。無論是給予自己、他人或是對全人類的祝福，我都歡迎並允許肯定的特質向我展示嶄新的忠誠、承諾和奉獻精神，這些都是來自於開放心態的恩典。

肯定的支持性聲明

「你有被聽見的權利。」

肯定是一種深度支持，邀請每個人純真的那一面不再躲藏、大方現身。無論生命中最令人害怕的創傷經驗是否壓抑或扼殺了你發聲的力量，肯定的特質會幫助受傷的你了解：儘管有那些不堪回首的過去，但現在可以安全地往前邁進，讓倖存者的經歷受到承認。正是因為如此，肯定特質能提供最具支持性的聲明是「你有被聽見的權利」。

每個人都曾經歷難以想像的困境，但處理情緒的基礎是藉由一個人發言的力量產生，動機可能始於一個人試圖合理化過去事件的順序，想要更了解卑鄙、報復、自私傾向和不知羞恥行為背後的本質。人越是頻繁地受邀發表自己的經歷，分享就會越深入，這就是為什麼「療癒」和「親密連結」根植於分享感受，而非別人「知不知道某件事」。

分享他人的行為對你造成多深的影響，可能會讓你感到不舒服，而其他人分享他們的痛苦時，你可能會感到憂慮恐懼，因為這會讓你想起自己是如何對待別人、或別人如何對待你的回憶。大腦會想要快速跳過這些仍在記憶中揮之不去的事件，所以讓你覺得發言所帶來療癒成效太過緩慢。然而，現在的你可能會意識到，療癒並不總是以自己所希望的速度展現。

對於人生中所經歷的一切，要進行深度療癒需要緩步前行，你才有辦法清楚看到每一塊破碎的心，最後是如何以不可思議的精確度重新拼組起來。這就是為什麼「你有被聽見的權利」這句話是如此強大。

如果你忽略讓他人的發言被聽到的重要性，選擇「拯救者」路線來快速推進療癒過程，這麼做其實也是在要求他們繼續保持沉默。當你不再控制「分享」的一切細節，就變成單純透過「保留空間」的力量來提醒大家，每個人天生都有表達意見的權利和自由。

與「拯救」背後的控制機制相反，無論你「知道」對方準備好敞開心扉之後會有多輕鬆，你都不是要來替療癒加上種種規範的。當你支持別人發聲，反過來也可以幫助你重新找回沉寂已久的發言力量。

然而，雖然肯定的特質提醒我們每個人都有被傾聽的權利，但別人那些必須一吐為快的話語可能會讓你不舒服，他們口中的你甚至可能完全背離了你對自己的認識。聽到如此原汁原味的分享，可能會觸發你的不耐煩和防禦機制，想要進行自我辯護。他們分享的內容可能包含一再重複過去的經歷，或是不停怪東怪西、不斷渴望得到他人的認可等等。既然你都願意專注地陪伴在他們身邊傾聽，不妨也提供機會讓他們可以好好傾瀉內心的話語吧。

肯定的行動

肯定這項特質是讓大家有權利公開分享自己的意見，而不是以拯救者自居、急切地要別人接受你的說教。

也許某位家人在爭取監護權的訴訟中落敗，第一時間就打電話給你，而對方此時最需要的就是抱怨、咒罵和指責，因為這些都是保護心中脆弱、受傷情緒所必須的層層武裝。

也許你有朋友身處一段虐待關係，儘管「可能遭受報復」的念頭讓他害怕得無所適從，你還是能嘗試當他的避風港。在他腦中的想法以一字一句出現時，試著與朋友同在、溫柔地握住對方的手，你或許能提供最最真實的安全感。

即使只是在社交媒體的貼文上與人互動，用「你有被聽見的權利」的概念來回應別人的指責，無論對方是否願意，都有助於邀請他們更深入體驗自身的情緒。

如果讓你認識的人分享自己最傷痛的經驗，藉此釋放備受壓抑的情緒，也許讓一對伴侶或一個家庭脫離家暴的惡性循環。又或者，也許光是透過暗示「你有被聽見的權利」，你就能支持一名情緒正處於崩潰邊緣的人。

你也可能意外目睹朋友再次屈服於癮頭，此時單純陪伴他們度過懊悔的黑暗時刻，就有可能幫助他們重新面對戒斷的歷程，而非任由自我批判和自我傷害繼續荼毒他們低落的自尊。

雖然你無法對自己以外的人負責，然而藉由在他人生活中扮演的肯定角色，透過「保留空間」進行覺察，你會變得越來越能接納自己；即使你付出的時間有限，這樣的情況也可能發生。無論經歷的差異，你都可以透過提醒別人「他們從不孤單，不管情況如何都會獲得支持」，以帶來積極的影響，這一點你絕對可以感到安心。

肯定的日常實踐

如果想將肯定的特質帶到覺察之中，請嘗試以下的實踐方法：

- 將自己遭遇到的不適或他人的處境，以像在冥想那樣的看待。每次拯救傾向出現的時候，請先深呼吸、更深層地傾聽，並肯定對方經驗中的獨特性。
- 在確認自己的感受時，請注意你對受到傷害或痛苦的體驗發生什麼樣的轉變，也要注意你有多不喜歡這種感受。
- 每次當你覺得很想在社群媒體上宣洩怒氣時，不如將這些思緒毫無保留地寫成一篇私人日記。請勇於發掘「在網路上向外尋求認同」與「透過私密的日記寫作來肯定自己」兩者之間的區別。

CHAPTER 3

你無法急於處理被埋藏已久的事物

我童年時期的朋友大多數都會忽略自己的家庭問題，但我家裡的不和諧強烈到好像就發生在我的體內。雖然每個人天生都有同理心，偏偏我是特別豐富、開放的類型，從來沒想過原來我可以選擇「逃離」。我記得自己很希望生病或住院，因為這個時候我父母最慈愛的特質一定會出現。緊繃的家庭關係讓我在無數夜晚哭著入睡，我父母並不是一直都處於最差勁的狀態，然而每次事態加劇，我都覺得他們就像兩顆努力工作、情緒激動的不定時炸彈。

十一歲的時候我曾哭著向上天求救，要上帝來接我：「請帶我回去，我不想在這裡。」我很希望能像電影演的那樣，只要出聲呼救，英雄就會聞聲而來、拯救世界。但是從沒有人出現，有的只是我泉湧而出的悲傷眼淚。

就在那天晚上，我的悲傷飆升到最高點——然後突然停止了。我忽然不再覺得自己處於孤獨和絕望的深淵，取而代之的是一股發自內心的自我存在感支持著我。與過去的祈求相反，我得到了來自自己的安慰、認可和支持。就好像我的內心存在兩個部分：一個是天真、善解人意的孩子，試圖理解身體承載的生命；一個是存在於這個孩子氣人格中的一道光，以一種我一直渴望的方式擁抱著我。

如今我為自己所保留的空間，感覺就像是個神通廣大的超級英雄一樣拯救了我。這不代表我從此不再哭泣，而是每次流下眼淚的時候，不再覺得自己與人隔閡、疏離。保留空間也讓我願意欣賞自己敞開心胸、充分感受情緒的每個時刻。我不再尋求他人的認同，而是開始敬重自己在如此脆弱時所需要的勇氣。這創造了一張有趣的記憶地圖，記錄下我每次感受到的深層痛苦情緒，以及「保留空間」這名內在英雄是如何安撫我，帶我度過難關，並肯定我的開放性是一股強大的力量。

在這段自我提升之旅中，無論遇到多麼難以克服的障礙，我都不曾想要尋找撤退方法，因為直覺知道每一道傷口都會癒合。由於感受到來自內心的支持，我沒有本能地去擺脫自己的傷口，或因為不得不面對創傷而去幻想生命中所缺乏的事物。我在歲月的更迭中了解到，對於那些被深埋許久的事，你急不得。

敬重的特質

充分發揮敬重特質的時候，你會去榮耀每個人在面對各自的苦難時所擁有的意志和決心。與其將對方的不舒適單純理解為「必須立刻從中解脫的情境」，不如更進一步去覺察，這些痛苦開始浮現之時，會為他們的意識層級帶來驚人轉變。

你可以透過「敬重」領悟一項真理：大家真正需要的不是改變情境，而是你對他們的經歷提供更大的支持。人生常常很失控，失控到讓你覺得有責任解救大家於水深火熱之中，否則就會顯得自己像是造成問題的共犯之一。然而，就像小孩子進入青春期會歷經一番成長的痛苦，你無法停止這個過程，能做的只有決定付出多少愛。

敬重之美會讓你對苦難抱持更富同情心的觀點，從這個角度來看，一切都必然會改變，包括你對困境最負面的看法亦然。雖然藉由療癒過程學習腳踏實地、回歸本心才是衡量恩典真正的標準，但感到憤怒、受傷、孤獨甚至困惑也是可以的，因為生命低潮帶來的痛苦往往是更大轉變的一部分。

即使你無法與對方共同經歷人生最可怕的時刻，敬重特質也能提供強大的療癒效果，讓你即使人在千里之外還是得以分享。光是透過想像當前的情境能夠幫助他人提升，你就能透過合一意識的力量給予對方更大的支持，並且幫助他們看到時常偽裝成累贅、煩惱、沮喪和困難的益處。

這就是為什麼敬重的特質是拯救的良藥。過去我們常擔心其他人在有辦法提升靈性意識之前，都得困在極度痛苦的深淵之中，這就像告訴一個小孩子：「一旦你能用更像大人的角度看待事情，就不會那麼痛苦了。」累積多年的課題沒辦法一下就處理完畢，然而在對方最脆弱的時刻告知「解脫完全取決於你的能力」只會讓人偏離療癒之路。用這種毫無助益的壓力來解決一個人最痛苦的磨難，說起來非常不公平，但是很多人傾向於接受這種信念，堅持認為進化是一場與時間的賽跑，一旦找到「讓一切都變好」的方法，就能增加快樂、減少痛苦。

無論你是近距離或遠距離替需要的人獻上敬重這份禮物，都是在對方無須改變的狀態下提供絕佳的情緒支持，他們甚至可能不曉得你的幫助為何。

在面對內心深處的混亂時，你也可以呼喚宇宙成為你的空間保留者，如此一來，就不會因為想要快速解決痛苦而讓情況雪上加霜。如果你不會在他人痛苦或恐慌的時候強迫別人改變觀點，那麼在為自己保留空間時也是如此。你永遠都可以告訴自己：「即便我現在感覺不到，但我知道這些困難的經歷會讓我發揮出更多的潛能。」若是正在經歷最孤獨的成長時刻，你隨時可以透過這段內在聲明，向宇宙尋求更大的支持：「感謝親愛的宇宙透過我運作，並提供我希望擁有的尊重與廣大支持觀點。」

無法親自陪伴在另一個人身邊的時候，你也可以透過對自己說這句話來提供敬重的益處：「親愛的宇宙，感謝你將敬重的贈禮送給〇〇，讓他在旅途中有獲得更多助益。」

你也可以透過敬重的特質，學習如何從真正有幫助的角度進行分享，這樣就不會在生活中感到那麼無助。當你能夠感覺到自己和他人的意識拓展之美時，你就是跟宇宙意志的立場一致。雖然這絕不是人可以控制的力量，但你與敬重越是一致，神聖時刻進入你意識的可能性就越大。這就是為什麼我們能與其他人共時共存會是一項祝福，即使在最脆弱的時刻，連結著所有心靈的同理心也會祈禱他人能療癒、康復，為那些受苦的人帶來自己無法獲得的奇蹟。

我看過很多次有人在療癒之旅中走到極度痛苦的階段，這件事促成了親朋好友團結齊心，自主籌辦燭光守夜、祈禱小組、募資活動或發表受到瘋傳的社群貼文等，這些都有助於療癒他們所愛之人，同時也喚起親友、共同參與的陌生人身上更深層的同理心。正因如此，在空間保留過程中，每一次真誠的付出都會得到意想不到的祝福。

雖然要消除他人的絕望，或幫助他人換個角度看待人生困境看似不可能，但敬重的關鍵就是去了解你一直都可以選擇如何看待每個時刻。透過敬重的雙眼，你便能肯定他們在承受療癒過程中所培養出的力量和信念，這樣就能為有需要的人送出支持。

有一些奠基於恐懼的靈性迷思認為：人只要去面對負面經歷，就算是抱持積極的態度，都會延長逆境持續的時間。但是，如果否認、繞道或忽視困難沒有用，這個說法便不成立。請思考一下，如果用憤怒的批判和否認來對抗困境並沒有幫助你獲得自由，那麼你怎麼會覺得以友善和尊重的面對，困境就突然想留久一點、跟你做朋友？也有可能你認為這個迷思完全不合理，然而它仍然可以控制你，特別是在你一心一意希望困境消失的時候。

從「保留空間」的觀點來看，你越是常受到幫助，就越不會感到無助。當你在生命中的療癒時刻變得更能提供支持和參與，就能夠發展出更強大的同在能力，並更一致地去實踐。

可能會出什麼問題呢？

看到別人堅強面對自身課題，你很樂意提供堅定的支持，但不是每個人都會對此產生共鳴，特別是那些從小受到制約，很習慣在遇到強烈情緒時封閉自我、直到負面經驗結束為止的人。敬重這項特質會邀請你在任何情勢中都伸出援手，那些處於痛苦中的人很可能會將自身的憤恨投射到你身上。

這就是我們必須時時為自己保留空間的原因。如此一來，你將培養出公開分享的勇氣，也能客觀看待來自他人的投射，明白這並不是刻意衝著自己來的。雖然沒有人想成為被攻擊的目標，但是你越能了解保留空間的美好之處，那些在困境中曾受到你支持的人，也越能激發你最真誠的回應。循序漸進，一次又一次，提供再提供，日常中你發揮全力支持他人展現最好一面的可能性就會提升，不再是只有巨大危機出現，才能促使你做出最大奉獻。

培養這項特質會遇到什麼問題呢？有些人很可能並不感恩你的支持，他們只想逃避眼前的苦難，偏偏你的支持鼓勵他們應該要更開放、接受和接納。然而，這也正是敬重之所以可以成為無聲贈禮的理由，特別是在充滿敵意的汪洋變得太過波濤洶湧的時候。你當然不必說服任何人自己所看到的才是真相，可以只給出一個充滿愛的微笑就好（即使對方不領情）。敬重只提供「陪伴」這個禮物，所以別人可能會認定你無法解決他們的痛苦，並因此觸發負面情緒。

在扮演撫育的角色時，想要支持孩子的情緒健康是一項艱鉅、令人心碎的任務，更別說是面對他們在低潮困境中所表現出的攻擊性。他們也許會認為你的能力跟期待中的理想父母有很大落差，但是你可以從更高角度來看，將他們的批評視為是對意外改變或長期痛苦的創傷性反應。你說不定還記得自己小時候也經歷過類似的關鍵成長時刻，原以為自己會撐不下去，最後竟不知不覺過關了，人生甚至還進入了有趣的新階段。這也正是其他人正在經歷的過程，只是他們可能沒有意識到。

有時候你會因為能從敬重的角度給予支持，而感到充實又振奮，此時覺得自己完全不受他人言行的影響，但有時候，別人的反應可能會引起你情緒上的潰堤，此時你需要為自己保留空間才能找到安全感。儘管錯不在你，你的個人危機可能使對方也共感到更深層的絕望，因為他們選擇聽從恐懼的指示來行動，而不是你希望從他們身上感受到的信念。

在這些不確定的時刻，無論別人如何解讀你的意圖，你都會在意識能量場中播下種子，藉由提供敬重為大家補充情緒帳戶的存款，他們只要準備好敞開心扉就會收到祝福。

設定敬重的意圖

為了放下自以為是的正確，並為自己和他人保留敬重的空間，請大聲念出以下句子：

我要透過敬重的特質為自己和他人保留空間，而不是打著正義之名或假借控制之舉來進行。我允許敬重能從充滿開放性和優雅的空間中浮現，把它當成能提升所有人身心健康的輔助。在這段療癒過程中，我知道有可能出現的創傷反應是試圖改變他人和自己的經歷，我也接受這種源自無助感受的反應。當我選擇提供幫助時，無論做出的貢獻是大是小，都能幫助這股無助感獲得療癒。了解到以心為重的陪伴，是我在絕望時刻可以幫助自己及所愛之人的贈禮，我就會放下所有想要成為「正義」那一方的傾向，即使小我堅持一切都是基於好意也一樣。

我所提供的敬重是為了支持每個人的釋放和自由，就算它會被曲解、忽視或拒絕，甚至是面對與我相反的立場也一樣。若是這些情況傷害了我的感情、引發過去創傷的回憶、讓我對他人更加不信任、變得自我封閉或心生憤恨，我會為自己提供一個神聖的空間與感受相處，並向任何部分獻上敬重這份禮物。我尊重肯定這項特質並以此提醒他人，不管感覺自己與旁人有多疏離、格格不入，我們的身旁永遠都存在著力量和連結。無論是給予自己、他人或是對全人類的祝福，我都歡迎並允許敬重的特質向我展示，深刻的陪伴既可以撫慰身在逆境中人，也不會讓我越俎代庖，急著幫對方處理課題。

敬重的支持性聲明

「我在這裡陪著你。」

有時候會因為不知道如何回應別人的困境，而產生非常大的誤會。雖然你可能有想要拯救對方的衝動，但這種衝動往往顯得自以為是、多過實質的幫助，你所展現的體貼才能帶來最大的好處。

即使你無法親自陪伴在對方身邊，也可以透過「我在這裡陪著你」這句話，透過意念傳遞祈禱或在電話中給予鼓勵，這麼做才是真正針對他們的無助感對症下藥。有很多人害怕成為別人的負擔，所以在他們表現出最脆弱無能的樣貌時，一句「我在這裡陪著你」可以幫助緩解緊張情緒。

無論你的支持性聲明激發了什麼樣的反應，你都透過「願意支持他人」的念頭與宇宙建立了持久的連結。「我在這裡陪著你」取代了「我要拯救你」或「如果我是你，我會這樣做」的自以為是，你會幫助其他人發現「被看到」和「被聽到」的價值，無論他們有多渴望逃跑和躲避。

當你因緊張和釋放而為自己保留空間時，可以透過自我提醒「我永遠是自己最大的支持者」，藉此緩解其他人沒有適時伸出援手所導致的怨恨。你也許會覺得這不過是在自欺欺人，請注意這種心態可能來自於長期扮演等待他人拯救的角色，而忽略了最堅定的支持本來就在你身上。

花更多有意義的時間為自己的經歷保留空間，就更能專注於滿足你的需求。

即便你無計可施、不確定自己還能不能繼續承受，也可以隨時祈求宇宙給你更大的支持。

透過敬重的角度來看，你會知道即使面對最艱難的情況，那些敢於投入的人，也能在逆境中發現成長和連結的機會。

敬重的行動

發揮敬重的特質，你會透過更關注他人每一刻承受苦難和生存下去所需的力量、性格和決心，從而發現他人的真正價值。

如果懷孕的朋友提早破水，而你是唯一一個在旁支持的人，該怎麼辦？雖然體內湧現的腎上腺素可能會讓你希望幫助嬰兒盡快出生，但在敬重特質的影響下，你將全心投入去體驗自己正在幫助朋友度過的難關。無論這段生產過程是快是慢，宇宙都安排你陪伴朋友走過這一段，溫柔提醒著他們：「我和你在一起。」

也許你因為生病正在接受治療，發現自己太累了、無法為自己騰出空間。這正是請求宇宙透過你運作，代替你為自己獻上這些禮物的絕佳機會。

也許你與家人、孩子或所愛的人疏遠了，不管做出這項選擇的人是哪一方，每當你因為這件事而感到痛苦時，請花點時間想像對方是快樂、幸福、健康和自由的，以此祝福所有涉入其中的人。

如果有人在你面前顯得畏縮不前，或因性別、種族或任何外在因素將你視為威脅，該怎麼辦？或許你只需要微笑或說出一句支持性的聲明（例如「我們會一起面對這件事」），就有助於緩解他們的緊張。

即使對方唯一可以想到解決困境的方法是逃避痛苦，只要你人處在當下，「我在這裡陪著你」這句聲明非常有助於將你的同理傳達給他們。你將透過給予敬重而與宇宙同行，支持他們生命中最痛苦的轉變階段。

當你以敬重特質作為行事準則，就能尊重每個人處於療癒的不同階段，原先強烈的無助感會轉化為奇蹟般的靈感，特別是請記得這一點：大家真正需要的不是改變情境，而是你對他們的經歷提供更大的支持。

敬重的日常實踐

如果想將敬重的特質帶到覺察之中，請嘗試以下的實踐方法：

- 請回想一段會讓你對某個人心生怨恨的記憶，接著在後面的第一個空白處寫下傷害你的人的名字。在第二個空白處填寫形容詞，描述這段過往所帶給你的感受，最後在第三個空白處寫出相反的形容詞。無論是你是用寫的還是用念的，都可以透過接受後面這段陳述，讓敬重接手處理更深層次的痛苦：「無論＿＿＿＿＿＿讓我感到的＿＿＿＿＿＿有多少，這件事都激發了更深層次的療癒，使我與＿＿＿＿＿＿更合而為一——即使我在生命中還沒有看到這個結果。」
- 無論是要回應可怕的新聞事件、鄰居家的壞消息，還是令人不安的社群媒體貼文，與其對無法控制的事情感到不知所措，不妨試著在內心宣告：「感謝親愛的宇宙將敬重這份禮物贈與大家。」就算這個消息在情感上令人不適到無法做出這樣的回應，你也可以默默對自己說：「親愛的宇宙，請透過我為所有相關人士提供敬重這份禮物。」沒有把別人的負擔扛在肩上，單純認知到這是可以給予敬重的時刻，請留意當你選擇這麼做的時候生活會有多麼不同。

● 你不見得總是知道誰需要更大的支持，或是誰在默默受苦，請盡可能把「我在這裡陪著你」設為電子郵件的簽名檔，或是當成結束電話的道別句。

CHAPTER 4

憤怒是
某人創傷的
重現

身為一名有同理心的療癒師，為他人的轉變保留空間就像是產房裡的醫生。為什麼這麼說呢？因為一個人身上自發性的情緒波動，容易催生出更高版本的自我，然而這股情緒中混雜了多種投射，容易被以心為本的人給接收到，並以為是針對自己而來。

擔任療癒師以及與生俱來悲天憫人性格，讓我得以幫助他人面對痛苦、處理創傷，甚至是重新面對受虐經驗。然而，即使在我休假、卸下療癒師身分的時候，我注意到自己拜訪家人的時候，仍會被他們引發一些舊有的情緒反應。

這種狀況引起了我的興趣——為什麼我能幫助陌生人處理他們最深的絕望，同時間卻又受到親人言行模式的控制？我很快意識到，兩者間的差異在於我自己是怎麼詮釋他們的言行。發現這點之後，我開始挑戰為親人的療癒保留空間，特別是大家聚在一起度假的時候。由於我不再試圖講嚴肅的話題，只需要跟大家閒聊就好，這段「保留空間」的過程幫助我看到正在發生中的療癒。

家人不知道我們之間所發生的內在互動，繼續表現出讓我不太愉快的行為。過去我會認為這些行為是故意要我難看，然而越是覺察到他們正在經歷的療癒旅程（他們對此毫無感覺），就越不覺得這是在針對我。既然現在他們的行為不再對我構成威脅，我自然而然就能對他們的生活產生興趣，進而理解這些防衛心和批判都與我完全無關。

也就是說，我放下了預期自己遲早會被激怒的心態，選擇從更客觀的角度看待這一刻。我清楚意識到，與其說家人的反應是對我的攻擊，不如說是他們的意識持續進化的證明。

這種轉變發生在某位親戚嘲諷地問我，療癒師「是否稱得上是一種職業」。我那時已經有能力從更富同情心的角度理解這個評論：他們不是在取笑我，而是在分享他們對療癒本質的懷疑。那個當下我變得更溫和並決定回應，彷彿他們對我的生活有興趣。我回答：「這是一個非常坦率的問題，我很幸運有機會幫助非常多很棒的人。非常謝謝提問，很感謝你有興趣了解我的職業。」

我的回答讓大家都愣住了。我看得出來他們只想漫無目的的瞎聊，發洩生活壓力所累積的情緒，但我參加家族聚會並不是為了成為誰的出氣筒，也不是要讓他們繼續把我當成小孩子對待。他們問了我一個譏諷又批判的問題，但我決定認真回答，無論他們的小我多麼巧妙地試圖引起摩擦，我選擇把他們當成盟友對待。

雖然他們說出的是充滿內在衝突的語言，但我是負責扮演真誠說話的關鍵角色，而非滿心防衛。我不需要爭論、指出任何人的批判行為，或從更難懂的正義立場糾正他們。他們有權隨心所欲，而我同樣有權決定如何解釋他們的話。

隨著越來越熟悉從保留空間的角度做出反應，我的成長機會自然便透過更激烈的互動顯示。我開始掌握如何與只在婚禮、猶太教成年禮和葬禮上見到的親戚閒聊時，真正的考驗是以成年人的身分，與我那凡事要求按照她的意思來做的母親互動。

我母親透過這種方式取得掌控感，她的行為模式對我來說難以捉摸。她不斷要求我得在節日回來探望家人，無論我的工作有多忙，她都有辦法讓我感到內疚，被迫給出她想要的「一家人團聚經驗」。她會說：「你總是在出差，就抽不出兩天的時間來看我們嗎？」她的話總能觸發我為了保持和平而順從他人要求的本能反應，我會妥協：「好吧，兩天還可以。我會回去。」

為了加強這種心理控制，她會故意表示：「如果不想回來就不要勉強自己。」造成我得向她證明自己是真的很想回家，她才不會認為我不在乎——我從小到大都在玩這一套權力遊戲。

不管我回家多少次，事情發展的模式都是相同的。在我走進家門的時候，我父母會驚呼慶祝：「麥特回家了！」我很愛他們，也真的很高興見到他們，大家會坐在沙發上進行大約十分鐘的精彩互動對話，然後我父母的注意力又飄回電視機上，繼續收看以極大音量播放的法律實境秀。

這件事一直讓我百思不得其解。你們情緒勒索我一定要回家探望，還讓我覺得自己像個斷了音訊的不肖子，就只為了要我回來坐在沙發上，看你們做那些平常就在做的事？我當場從受到熱烈歡迎的返鄉英雄，一下變成無人聞問的幽靈。

我對母親說：「既然我只會回來幾天，我們來做點更有互動、不同的事情怎麼樣？」

「噢，我覺得你人在這裡就很棒啦。你回來的時候我就不用想你了。」

這番話聽起來很窩心但也讓我很困惑，母親都花了那麼多時間說服我飛回來，卻拒絕與我有更深入的互動？我後來得出結論：如果橫跨兩個州、回家一起看法律實境秀能幫助她感覺到更多兒子的愛，那麼就這樣吧。

隔天我和父母在姐姐家聚會，並且獲得千載難逢的機會，可以在我母親巧妙的控制模式中測試自己保留空間的能力。我幫忙倒廚餘的時候在廚房裡遇到她，她問我：「你四月會回來參加成年禮嗎？」

「我沒辦法，我要主持一場為期五天的大型冥想靜修會。」

剎那間，我媽媽的眼中充滿憤怒和失望，狠狠地掃向我：「你知道，我們要求不多，你好歹也更積極一點參與家族活動。」

我已經預測到這種行為，她的反應並沒有讓我難過，我解釋：「這個行程早在一年前就定好了，我也是第一次聽你提起這場成年禮。」

我的力量融化了她小我面具的一層，揭露出更深一層的反應，這通常能在她沒有如願以償時強化我的內疚感。她因惱怒而提高音量：「我真是氣到不知道該怎麼講！」

我沒有屈服，也沒有試圖獲得她的認可來定義自我價值，而是簡單地問：「我回來的時候你跟我的互動也不多，為什麼現在會因為我不能來而不高興？」她瞪著我，這讓我知道她的小我沒有時間思考邏輯、事實或理由。她咬著牙說：「我就是喜歡讓我的家人聚在一起，這理由你滿意嗎？」

我沒有退縮，而是回答：「大家能聚在一起真的很好，就好像以前那樣。可是情況早就改變了，我們沒有住在一起，我也不再是你的小寶貝了。如果你覺得我忙碌的工作行程是在拒絕你，只能說我很遺憾你這樣解讀我的選擇。」母親毫不猶豫地說：「我想那些過時的猶太教教訓不再有用了，是吧？」

我笑了：「對我沒用喔。」

母親給我一個擁抱，讓我知道她有多為我感到驕傲。我告訴她，我知道她覺得外公拋棄了她。她好奇地問：「你怎麼知道我覺得被拋棄了？」

「我以前一直以為你對我講那些話是因為我做錯了什麼，但隨著時間過去，我發現這股憤怒揭露了你那些針對外公未曾處理的痛苦。我以前常常覺得被你操弄、控制，但後來發現你真正說話的對象並不是我，而是想要得到外公更多的關注。這些話被投射到我身上，作為你對於那個不存在的兒子的看法。我真的很遺憾你跟外公的父女關係充滿傷痕。我愛你，媽。」

這是我母親與她成年兒子真正相遇的那一刻，也是我對家人的操縱免疫的那一刻。現在我和他們相處的時候感覺更開放，並不是因為他們有什麼不同，而是因為身為成年人的我終於挺身而出。當我進一步思考這個關鍵轉變時，發現如果我保留的空間越多，其他人的行為就越不那麼針對個人，我也就能變得更仁慈。

仁慈的特質

仁慈是從同情的角度看待生命的樣貌。當仁慈現身，我們就會敏銳察覺其他人所承受的痛苦，以及這個痛苦如何導致他們與最高道德和價值觀脫節。發揮仁慈的特質時，面對責難如驚濤駭浪般衝擊著自身的心靈，你也能順利化解「我被針對了」的念頭。

一旦能將情緒觸發因子理解為引導你覺察過往痛苦經歷的地圖，你就會對大多數人無法面對自身的深層脆弱變得更富同情心。只要小我還在無意識中持續活躍，我們便會根據他人對我們本身造成什麼影響，來解讀對方的行為。這種程度的感知都是以自我中心的角度來看待事件，像是：「這跟我有什麼關係？」「為什麼會發生在我身上？」「為什麼這種事總是發生在我身上？」

這些自我中心的問題讓你幾乎沒有空間好好了解其他人的困難之處。不能僅因為事情發生在你身上，就代表它真的與你有關。另一方面，在你現實生活中所發生的任何事情，絕對都會在你的身心靈進化中創造成長。

當你花越多時間為自己的療癒保留空間，你的小我就會越軟化，放棄為了控制一切而挑起紛爭。如此一來，你可以放鬆地與身體同在並專注在真相上。請回想我母親的例子，她抨擊我拋棄她和衍生而來的操縱行為實際上與我無關，她把自己沒有針對真正痛苦根源（我外公）所採取的言行態度，全都投射到我身上。這讓我明白了更深層次的事實：憤怒代表了此人從未對傷害自己最深的人所說的話。

毫無疑問，接受別人投射的情緒可能會很痛苦，這就是為什麼在對方重現創傷的憤怒時，替他們保留空間會需要時間、耐心和練習。這個過程可能會逐步發生，也需要你從混亂的衝突中暫時離開，為自己保留私人空間，尤其是當你敏感的神經被觸動的時候。然而，投入時間、注意力和奉獻精神，你正在培養的許多特質（包括仁慈），將加深親密連結的美好之處，實現每個人互惠互利的情況。

可能會出什麼問題呢？

我們常會下意識地把憤怒投射到自認安全的人身上，雖然明知道這麼做很不公平或讓人不愉快，但這就像病患感受到劇烈疼痛時忍不住咒罵醫護人員一樣。身為一個神聖的空間保留者，不把其他人表達不適的詞語當成針對自己，對你會很有幫助。

然而，無論人的意圖多麼純粹，保留空間絕不是容忍任何虐待的理由。雖然每個人的神經系統都有自己的強度值，但我們有責任確保將空間控制在自己可以處理的程度。憤怒是某人創傷的重現，因此先行了解一些可能出錯的地方至關重要。

儘管每個人的小我要求都很高，但你只應在自己真心願意分享時才花時間在他們身上。如果你礙於對方的壓力付出過多的時間和精力，任由他們予取予求只會讓你在情緒上難以負荷。即使對方威脅要是不滿足這些需求，他們就要離開你，你也應該始終聽從自己的內在指引。它知道什麼選項怎麼做最適合你，而了解「什麼最適合你」對所有人的進化都能帶來好處。最好的做法是為更多真誠的人創造空間，而非屈服於那些讓你的生活充滿小我操弄伎倆的人。雖然有些人確實需要透過層層憤怒重現創傷，並不代表你就必須成為見證者。

選擇這樣做時，你會為了「明知與你無關的憤怒」保留空間，而投射自身情緒的人則認為你是他們所有痛苦的根源。這可能會觸發你內心拯救者的正義感，試圖藉由糾正每項誤解，好擺脫他們不實指控的強烈影響。

如果你能夠在自己的身體中維持安全感，就可以探索「不被對方的投射所淹沒會發生什麼事」。你越能把握這種仁慈的空間，聆聽時就會越平靜；你越能坦誠地傾聽，對方的激烈辯論就越不會引發你的反對，這可以緩和衝突的激烈程度。雖然無法絕對保證事情一定能這樣發展，但透過仁慈的特質來看待一個人的內心衝突，可能會讓憤怒的人更能察覺到為了極力捍衛自己的論調，他們早已筋疲力盡。

如果你的伴侶不知道如何在不指責的情況下分享脆弱的感受，你甚至可能需要為對方保留空間。你可能會發現這股感受深植於童年權威人物的記憶，但他們本身或許沒有察覺。他們的小我可能會認定這些衝突與你身上的課題有關，然而你其實早已解決這些問題了。

無論你是被投射的人還是進行投射的人，保留空間都讓你有機會自由分享感受，不去指責他人。當雙方都具備這種技能時，就會透過充滿鼓勵的傾聽、以肯定進行回應、從敬重的角度讚揚，以及從仁慈的立場觀察，相互進行分享。

雖然你不必進行別人的內在工作，但你之所以出現在他們生命中，是為了在他們的言行變得難以忍受時，單純給予提醒。這不會讓你顯得軟弱、能力不足、頻率太低、成為負面的人或處於受害者心態。這麼做是在發揚你真實做自己的意願，榮耀你在療癒之旅上所處的位置，以及你在茁壯成長和發光時所需的一切。當你沒有以完美主義來對待自己，並且理解這些衝突與你與生俱來的完美本性無關，自然就會有這樣的改變。

對於那些潛意識裡害怕被拒絕的人，保留空間可能會導致他們猛烈攻擊，就為了證明你一定會離開、他們覺得自己沒有價值的想法是對的。與其堅持去證明他們潛意識中的信念是錯誤的，你倒不如確保自始至終自己都沒有錯把過度付出當成關愛。

了解這項差異之後，就能夠清楚發現「保留空間」的目的是創造一個對雙方而言都很安全的環境，並讓每個人都可以被看到、被聽見。如果有人受到不公平對待，那麼就等同破壞了這塊神聖的領域，所以為了所有人著想，大家需要保持一段暫時或永久的距離。它可能不是你或其他人想要的選擇，但這始終是每個人都需要、正在進行中的療癒。

設定仁慈的意圖

為了釋放小我的控制欲，並為自己和他人保留仁慈的空間，請大聲重複以下的聲明：

我要藉由仁慈的特質為自己和他人保留空間，而不是為了小我所渴望控制的人事物而戰。我允許仁慈能從充滿限制的空間中浮現，好讓所有人都能獲得自由。我想為他人保留空間時，仁慈是我可以自由分享的禮物，絕不會屈從於他人小我的要求。我會牢牢記住一件事，若是投射到自己身上的責備、威脅或控訴已經難以承受，最仁慈的回應之道是結束互動，尋找更安全的環境來為自己保留空間。有些人可能會堅稱我拋下他們不管，但有時他們最大的突破反而這時候才會發生，我也接受這項事實。如果對方的言行持續反覆無常，我會負責畫下更明確、甚至是永久性的界線，以免我展現出來的仁慈反而讓自己處於危險之中。

深深明白這一點之後，我所提供的仁慈是為了支持每個人獲得救贖，就算它會被曲解、忽視或拒絕，甚至是面對與我相對的立場也一樣。若是這些情況傷害了我的感情、引發過去創傷的回憶、讓我對他人更加不信任、變得自我封閉或心生憤恨，我會為自己提供一個神聖的空間與感受相處，並向自己獻上仁慈這份禮物。我尊重肯定並以此提醒他人，不管眼前的情況有多絕望，我們的身旁時時刻刻都存在著支持。無論是給予自己、他人或是對全人類的祝福，我都歡迎並允許仁慈的特質向我展示同情可以觸及的新深度。也許這並不符合每個人的需求，但確實是促成更大轉變發生之所需。

仁慈的支持性聲明

「我現在知道你受到什麼樣不公平的對待。」

無論受到什麼樣的指責，透過仁慈的特質，你都能為怒氣的爆發保留空間。

如果你可以成為客觀的見證人，那麼只要你感到安全並有能力這樣做，就可以讓其他人分享痛苦的感受。同樣地，你越常為自己的防衛心保留空間，那麼當其他人表現出相同模式時，你就越能從容面對。請注意有一條界線你絕對不可以跨越，那就是指責開始演變成虐待的時候。這個界線的標準因人而異，唯有確保眼前的情況沒有超過自己的極限，你才能真誠地為他人保留空間。

在大多數情況下，大家都需要一點時間來哭泣、顫抖、懇求或責備，才有辦法釋放內心爆發的情緒能量。對於一個保留空間的人來說，仁慈的特質包含尊重對方的過往、不將他們的話語放在心上的智慧。這就是為什麼你在聽到憤怒言論時，能做出最仁慈的宣言之一是「根據你分享的內容，我現在知道你受到什麼樣不公平的對待」。

是否有人以自己過去遭受的對待來對待你？展現出權威人物具傷害性的行為？與你一起重演他們父母的互動模式？呈現他們內心起起伏伏的批評聲音？絕大多數的指責絕對不是你這位空間保留者的錯，只不過是一個人在無意識責備或虐待他們認為最安全的人時出現的產物。他們之所以這樣做，是因為遇到了以「心」為本之人，從中找到了自己所期望的安全感，但這並不表示他們可以合理化自己虐待性的言行舉止。

不過，你越是意識到憤怒是創傷事件的重演，你就越不容易感受到威脅。就算其他人認為你是唯一能讓他們安心表達深層感受的對象，你永遠都不需要勉強自己扮演這個角色，除非你同意保留空間聽他們說。換句話說，你能做的就是清楚表達自己言行和意圖，同時抱持內在力量，允許別人擁有他們自身對事情的解讀。

如果對方的抱怨確實有道理，你那明晰的內在認知就會禮貌地提醒，邀請你更深入了解潛伏在自己行為中的微妙動機。不過在大多數情況下，你遇到的抱怨通常是內在小孩很本能地在表達絕望，療癒程度與對方說了什麼無關，而是每次的話語所釋放的情緒深度。這也就是為什麼，無論選擇繼續陪伴或者離開對方，我們可以透過對仁慈來結束一段越界的關係，並以新的覺察來應對任何個人困境：「根據你所分享的內容，我現在知道你受到什麼樣不公平的對待。」

仁慈的行動

仁慈這項特質讓你更能直接感受到，每個人心中因為不公平的對待所積累的傷痛。

身邊可能有朋友或親人會不停抱怨與伴侶不合，若你選擇不隨之起舞、當個冷靜的旁觀者，他們可能會質疑你站在他們伴侶那一邊。然而，透過理解他們的憤怒是創傷的重演，你就保留仁慈的空間來引發更深層的感受，並讓他們看到更真實的觀點。

也許你遇到愛生氣的主管或愛耍心機的同事，他們都把職場當成滿足小我控制欲的方式，該怎麼辦？從不那麼個人的角度來看，你可以清楚發現他們的小我時常想在那些光芒四射的人身上，挑起不安全感和懷疑。你或許能單純地觀察這些傷害性的行為，藉此機會觸及他們拒絕處理的苦痛，並讓仁慈的特質成為對抗他們的最佳防護罩。

又或者，在你決定給街友一些零錢的時候，不妨問問對方的名字，也讓他們知道遇見他們是很開心的事。很多時候，刻骨銘心的失去、未曾療癒的創傷和成癮模式，可能是導致一個人陷入最嚴苛生存環境的成因——這些人不僅失去尊嚴，也受到同胞的忽視。無論你是否打算捐錢，為什麼不花一點時間讓他們知道自己有被看到、聽到和重視呢？說不定這個小小的仁慈之舉，能幫助街友重新站起來。

遇到脾氣不佳的銷售人員，你不見得需要向他們的主管客訴；那則用詞尖銳的網路評論你也未必要發表，因為它可能只滿足了小我的自以為是，無法引發實質改變。對方的負面態度也可能是為了讓你發揮仁慈的特質，去尊重他們所遭遇的一切。

另一方面，也許你會覺察到自己經常對人發脾氣，把自身的創傷重演建立在別人身上，例如把對前夫或前妻的恨意發洩到孩子身上，或是因為工作不順利而遷怒家人。你可以選擇不批判自己的行為，而是坦然承認，並向你傷害的人道歉，認知到自己需要的空間。如此一來，你所承受的揮之不去的痛苦就不會傷害到別人。

仁慈的日常實踐

如果想將仁慈的特質帶到覺察之中，請嘗試以下的實踐方法：

● 每次想要批評別人的行為或看法時，請花一點時間，進一步去覺察他們未被療癒的痛苦，而非草率地為他們貼標籤。請將「混蛋」、「敵人」或任何咒罵，轉換為認知到他們是一個正在受苦的人，只能將內心衝突發洩在他人身上。有鑑於療癒空間是為所有人而提供，希望你能嘗試以仁慈來面對這些傷口，而不是躲在批判之牆的後方。

● 請花點時間思考，傷害你的人本身曾經歷多嚴重的心碎、創傷或遺棄，方能對你造成如此程度的傷害？你還可以觀想那個人的樣貌，並向對方說：「由於受到你的不公平對待，讓我看到你是如何受到不公平的對待。」

● 請進行「垃圾桶」練習。由需要淨化情緒的一方詢問別人：「你能為我保留空間嗎？」回答如果是肯定的，「保留空間」等同於一個象徵性的容器，讓人可以安心地傾瀉內心那股爆發的情緒能量。

這個練習會建立一個正念空間，大幅減少負責保留空間者的情緒在過程中受到傷害。這也有助於大家了解，那些「需要說出口的話」是表達痛苦的有效方式，但並不表示這些話就是事實。如果沒有人可以陪你練習，在大聲自言自語或書寫日記來宣洩時，你可以為自己保留空間。

CHAPTER 5

當對方正在與自己的傷痛搏鬥，你就會被推開

在走上療癒師職涯之前，我是一名私人健身教練，說實話這是最意想不到的職業道路，因為我幾乎沒有運動經驗。我從小患有嚴重的氣喘，與運動無緣，也沒辦法從事激烈的活動。身為熱愛超級英雄的孩子，我暗自夢想有一天自己會從班上的小不點變成人人崇拜的大力士。

上高中的時候，我跟其他身體狀況相似的同學被安排去上所謂的「適應體育課」。我們不是像其他人那樣要繞著操場跑，而是做一些比較溫和的鍛鍊。有一天體育老師告訴我們：「從今天開始一直到學年結束，我們每個星期會去重訓室上課兩次。」我興奮地想，這不就是運動員進行體能訓練的地方嗎？這是人生中第一次「消耗體力」的想法讓我覺得興奮。

我十分喜歡重訓。我們先從很輕的啞鈴開始舉起，等到姿勢非常標準了，才換成比較重的。出乎意料的是，較輕的啞鈴並沒有想像中那麼重，我很驚訝自己竟然擁有這樣的體力，這點燃了我的新熱情，爸媽甚至幫我購買附近ＹＭＣＡ健身中心的會員資格。我很快就換到另一間大型健身房，由一位私人教練負責指導，他就像個大哥哥一樣，為我設計訓練套餐以及飲食計畫，那時我十七歲。

在定期重訓大約八個月後，身高一百五十三公分的我，全身肌肉從四十五公斤增長到七十五公斤。我至今依然記得前往健美界的舉重聖地——加州「金牌健身俱樂部」的那一天。那時我穿上最令人稱羨的訓練裝備，買了一張訪客通行證，金牌健身房很大，就像一個充滿張力的倉庫，是我去過最酷的地方之一。一走進去，我就看到三、四位職業健美選手，他們的體格激發我不斷訓練的動力。我還在健身房的一角，看到他們正在為最新一期的知名健美運動雜誌拍攝照片，幾乎有一種靈魂出竅、樂乎乎的感受。

接下來我選好啞鈴重量，開始做二頭肌彎舉，我已經練出雙手各拿著一個二十九．五公斤啞鈴、以緩慢精確的姿勢舉起的能力。放下這雙啞鈴的時候，眼角餘光看到有人坐在旁邊的長凳上看著我，我轉身、差點昏倒，他是飾演第一代綠巨人浩克的影星——路．法瑞諾！我小時候崇拜到不行的綠巨人正微笑看著我，豎起大拇指！我興奮地跟他握手，表示我是他的粉絲，並不斷舉啞鈴，以免情況變得太尷尬。

我不停告訴自己：「放輕鬆，就像你屬於這裡一樣。」雖然感覺很不真實，但我確實也屬於這個地方，這是我一生中少數幾次在一個群體中感受到連結。至少在金牌健身俱樂部的那幾個小時裡，我知道這些人都是夥伴，體認到此事灌輸給我更多的信心，幫助我感受到個人價值。我明白自己可以為這個世界做出貢獻。

不久之後我就完成認證課程並開始擔任私人教練，這段時期我遇到了一位顧客，他很快就成為我的鍛鍊夥伴和最好的朋友。我成為他的健身導師，就像我剛開始重訓時遇到的那位教練一樣。直到我遭遇了意料之外的逆境，這段關係才開始改變。

有次在監督顧客進行相當簡單的硬舉動作時，突然覺得下背部有種奇怪的感覺——它不是痛，只是感覺很怪。但是第二天我便從難以忍受的坐骨神經痛中醒來，任何角度的動作都會覺得脊椎像觸電一樣。拍了幾張X光片後，醫生診斷有兩塊突出的椎間盤壓到了脊髓，於是開給我處方止痛藥和每周在硬膜外注射皮質類固醇。我甚至不得不搬回父母家，因為我無法繼續工作而且行動不便。

在這段痛苦的時期，我的直覺力開始綻放。每次這位最好的朋友來看我的時候，我腦中會突然出現有關他的經歷和家庭關係的靈性訊息，這最後為我的生活帶來難以置信的靈性轉變。

然而一切並不順利，大約一年後我對醫生說：「我吃這些藥實在吃得很煩，它們沒有帶走我的疼痛，只是讓我不在乎疼痛而已。我的生活不能再這樣下去了。」

醫生說：「你已經服用這種強效藥物很長一段時間了，所以你不能直接停藥。」

「沒關係，我可以自己戒藥。」

「你必須去專門的勒戒中心，確保整個過程是安全的。」他解釋道。

我的下巴掉到地上：「我必須去勒戒中心？我沒有濫用這些藥物，都是乖乖聽從你的所有醫囑。」

他雙手一攤：「對不起，麥特，但事情就是這樣。」

不到四十八小時我就進入勒戒中心，而且從沒搞懂什麼叫做「事情就是這樣」。每隔幾個小時，護理師會給我一些藥丸來緩解我的戒斷症狀。我很生氣，想著我不想要吃更多藥片，我不想要任何藥。讓我離開這裡！

在勒戒中心的每一天，我的直覺力都在增強，也會念書給其他人聽來消磨時間。我簡直成為中心裡的娛樂大師，對此我並不在意，因為這樣我就不會一直去想自己得跟一群真正的癮君子關在一起三十天。

第二十七天允許朋友和家人前來拜訪，看到我父母和最好的朋友進入中心時令我無比振奮，提醒著高牆之外的美好人生正等著我。儘管如此，我的情緒還是很赤裸，對於我最好的朋友來說，這是他不熟悉的我，畢竟我過去一直是那個擁有所有答案、生活有序的人。我在分享內心深沉的絕望感時，他嘗試跳脫舒適圈、要給予我支持，沒想到變成我還得反過來鼓勵他完成這項嘗試。

我崩潰了，哭著說：「我沒辦法再待在這裡了，這個地方是地獄！請他媽的帶我離開這裡！」

他一直跟我說「只剩三天了」。「我做不到！你不明白這裡是什怎麼回事！」我並不是在生他的氣，只是當下覺得受夠了這個尚未結束的經驗。

探訪時間很快就結束。我完全沒有敵意或是肢體上的暴力，但我經歷了有生以來最深刻的情緒崩潰。他們離開的時候，我注意到朋友臉上的表情相當吃驚。他一度試著要支持我，但是發現似乎沒有幫助時，他就採取封閉策略。我可以從他眼中看出他很害怕我的情緒狀態，而且這是我們相識以來，我第一次無法將他從不適中解救出來。

在完成三十天的勒戒計畫之後，我對宇宙說：「我受夠了。如果祢治好我的背，我會遵從祢的意願。」無比絕望地說出這句話後，我突然感覺到一種轉變。那股我已經習慣忍受的劇烈疼痛消失了，著實讓我大吃一驚，因為我不敢相信自己的請求會立即生效。這一刻開啟了我以療癒者身分為他人服務的未來。

回到家後，我會定期和好友聯絡，但他開始迴避我，也很難約他碰面。終於有天下午，我們見面共進午餐，他在我對面的位子坐下時，雙眼投射出尖銳的怒氣和敵意，有如匕首般刺向我。我分享了自己在療癒師職涯中取得的進步，但從他身上我只能感受到他想要遠離我的渴望。

看起來戒斷中心的那次經驗，剝奪了他生命中曾經存在的那個我。他無法處理我那一刻的情緒壓迫，這也打破了他對我的印象，如今他認為我偷走了他最好的朋友和導師。與此同時，坐在他對面的我也想知道，那個曾經最要好的朋友到底跑到哪裡去了。

看到他沒有點餐，我直覺知道這會是最後一次見到他。雖然我是在這段關係轉變中感到被拋棄和背叛的那個人，我還是很同情他無法承受這種程度的真實。我謙卑地笑了笑，像是要感謝他成為我生活的一部分，以及也讓我有機會成為他旅程的一部分，接著我開口：「所以……」這一刻突然有股尷尬感，但諷刺的是我覺得很自在。他築起的憤怒之牆開始降低，我可以看到他眼中出現淚水，但他很快就鎮定下來，說：「我得走了。」我與這個曾經的最好朋友的最後一次會面就這樣結束了，我感到非常悲傷。

儘管失去如此重要的人，我還是繼續投入療癒工作。然而，這位幫助他人擺脫絕望的心靈超級英雄，背後其實藏著一顆失望的心，他接受服務者的角色只是為了不再讓其他人有機會可以傷害自己的心。不過謝天謝地，我並沒有在這個狀態駐足不前，但是在處理朋友離去所造成的悲傷時，我還是會回到這個狀態中。

等到我破碎的心恢復完整時，我開始為更深層次的療癒轉變保留空間，因為我已克服了自己的拯救者傾向。回想起來，這是一個必然的轉變，只是很意外觸發點竟然是摯友的離開。過去他變得太過依賴我的幫助，我也太過依賴協助他，因此錯失了教他如何拯救自己的機會。

價值的特質

發揮價值的特質，你會很有同理心地覺察到其他人生命中那高低起伏的療癒之旅。他們退縮、拒絕和放棄的傾向成為經歷痛苦當下的證據，即使你正努力保留空間，這股痛苦也會投射到你身上。即使你是出於好意，他們也可能為了逃避自身的痛苦而批評、拒絕或拋棄你。你越能將其他人的行為歸因於他們的經歷，你就越能保持自我價值的完好無缺，不會成為他們的情緒踏腳墊。

隨著你的價值感增強，就會注意到生命的自然節奏。無論結果如何，我們會自然了解一切來之不易——得到的東西肯定會失去，而每一次的出生都預示著死亡。整段過程中，小我的主要動機是試圖控制現實，試圖讓每一次的開始、出生和收穫都能免於隨之而來的失去。但是，得與失必定是彼此相隨，因此小我的動機不過是一種幻想，誤以為可以找到控制現實的方法。你在療癒過程中所保留的空間越深層，小我就越有可能停手，不再意圖去扭轉「改變是唯一可能的結果」這件事實。

認知到這個小我瓦解的過程，你就知道要尊重他人需要的獨處時間。對於他們的進化之旅來說，「獨處時間」遠比「他們接不接受你」更重要，甚至對有些人來說，想要尋求他們潛意識所需要的空間，唯一的辦法就是拒你於千里之外。

其他人有些時刻會受益於你的存在，有機會跟著調整到你那以心為本的頻率，不過多數時候，你的出現可能會在他們身上引發與你的行為無關的不適感受，甚至可能造成他們排斥你。舉例來說，你邀請伴侶、朋友或家人坐下來討論關係中遭遇到的停滯或失衡情況。如果他們曾被父母或權威人物以「究責」當成懲罰的經驗，可能會否認討論的價值，甚至反過來指責你在批評他們。這樣的反應猶如他們的靈魂在吶喊：「這個身體在潛意識層面處理的創傷太難以承擔了，所以無法在你面前保持開放心態。雖然你是我生命中美好的禮物，但現在你卻成為了干擾，讓我無法仔細體驗你帶來的情緒。這就是為什麼我要把你推開，即使我沒有意識到、或無法用語言表達。」

一直以來，你的內在小孩可能會將這種對個人空間的需求詮釋為：「是我不夠好，我不夠完美，不然他們不會拒絕我。」我們不用去糾正這個脆弱敏感的觀點，也不用把它視為真理，保留空間允許我們從內在小孩的角度來看待事情，每一種感覺都能受到肯定。這個觀點可以幫助你將他人的拒絕，視為對方潛意識中對於保留空間的請求，而非以此餵養你認為自己「不值得」的負面信念。價值的特質讓你可以尊重每個人的療癒之旅，同時對自己的感受承擔更大的責任，特別是有時候你給予他人的並非安慰，而是壓力。

當觀察他人的痛苦不再是你必須處理的創傷時，就會與價值特質更加同步。你花越多時間選擇去保留空間，而不是將別人的需求當成對自己的攻擊，你就越有能力以平和、開放和輕鬆的方式度過每一波情緒浪潮。

無論給予他人空間是幫助他們變得更加成熟，還是代表一段關係可能就此結束，你都是在培養隨著「改變」的節奏而行動的力量。當你扎根於自我價值感，並為他人不斷發展的價值保留空間時，就能好好培養這股力量。

可能會出什麼問題呢？

遇到有人因為不懂如何要求自己所需的空間而將你推開時，你的反應取決於你的容忍度、期望以及願不願意忍受。希望陪伴在對方身邊是很自然的反應，但真正的保留空間不是建立在相互依存的基礎上，換句話說，你不必堅持在任何痛苦的關係中咬牙硬撐，還把它視為一項榮耀。

世界上有很多人都是在相互依存的模式下長大，並誤以為這就是忠誠和奉獻。「我們會一起度過難關」當然是值得尊敬的想法，前提是眼前的情況能讓大家團結一心。但是，如果刺激未經處理的創傷是促成更大靈性進化的起點，那麼你就得堅持自己的界線和自我價值，其他人才不會把挫敗感發洩在你身上。

我在前面的章節中已經點出其他可能出現的問題，但在這裡，我們要深入討論當你將「取悅他人和相互依賴」與「無條件的愛」混為一談時會發生的慘痛教訓。

「無條件地愛一個人」絕不等於放任他們惡劣地對待你，或把一切歸咎於壓力，讓你當個保母、在旁顧前顧後。雖然難以負荷的感受的確會讓他們封閉情緒，表現得不再像是你以前認識的那個人，不過「在逆境中挖掘自己更深層的課題」和「把生活壓力當成傷害、控制別人的藉口」之間是有不同的。

感情關係中常見的一大錯誤，就是當事人以接受、寬恕和無條件的愛為藉口來維持一段有毒的關係，這實際上是「覺得自己不值得」的傷口阻撓他們離開對方——踏上靈性之旅的人特別容易落入這個陷阱。不管當事人是合理擔心自己會受到報復，還是認為「除非雙方同意，否則宇宙不會希望我分手」，又或者只是害怕找不到更好的對象，背後潛藏恐懼的頻率是很常見的現象。受到毒害、操縱或虐待的受害者等著要在「正確的時機」採取行動，任何虐待發生的瞬間都是最佳時機。

透過價值特質傳遞無條件的愛時，沒有什麼是你和他人無法克服的，特別是你們在合一意識中團結且平等互助的時候。為了實現這種深刻的賦權，不論無可避免的「改變」如何強烈介入生命中，每個人都必須尊重自己和周遭的人。雖然有些日子一定會比其他日子更難熬，但懲罰、批評或控制他人絕不可能是抒發壓力的唯一方法。有些人的憤怒會直接重現他們過去受到什麼樣的虐待，當你敢於採取更高尚的回應來打破這個負面循環，療癒就會出現。

在建立起界線之前，是不會出現長期的療癒的，尤其是其中涉及虐待、不尊重或操縱。有些害怕衝突的人會在放滿蠟燭和薰香的房間裡躲避現實，一邊叫自己要「接受現狀」，此舉突顯了對靈性智慧最常見的誤用。如果你真的單純把「接受現狀」當成目標，那麼面對那些透過傷害別人來發洩自身創傷的對象，你會全盤接受他們的行為，並且認為這是一種自我實現的方法。如果無條件的愛是你最重視的價值，那麼請記住一點，只要你仍然安於現狀並默許有毒的關係模式，就無法給予另一個人充滿愛的支持。

如果涉及到兒童，情況更是如此。你花時間忍受他人的虐待，就等於潛移默化小孩子將這種破壞性的環境視為正常。他們會以為「有毒關係」是成年人的常態，甚至養成透過支配、操縱和虐待來獲取想要事物的心態。

為內在小孩提供源源不絕、無條件的愛時，還要確保從心中最幼小破碎部分散發出的恐懼不會影響你、其他人甚至無辜的孩子做出錯誤決定，屈從於他人的小我模式中。比方說，你的伴侶有情緒或成癮的問題，讓你和孩子生活在充滿危險的環境中。雖然直覺一直告訴你「該離開了」，但你總是將之解讀為自己在批評伴侶的缺點，或者認為孩子沒有在完整的家庭長大會很可憐，甚至是擔心伴侶會因為少了你這個「共犯」而選擇結束性命。然而，「留下來」只會讓你陷入困境，同時無形中教導你的孩子，這種互動才是健康和正常關係的範例。

前面這些說明可以幫助你了解可能遭遇到的問題。當你拒絕向他人的小我妥協或犧牲自身價值的完整性時，就能顯化任何人都無法拒絕的連結。

設定價值的意圖

為了釋放那些將虐待正當化的意念，並為自己和他人保留價值空間，請大聲念出以下句子：

我要透過價值的特質為自己和他人保留空間，而不是將我的痛苦轉移到其他人身上，或者讓別人藉由虐待我來躲避痛苦的行為合理化。我允許價值能從明確清晰的空間中浮現，賦予所有人進化、成熟的能力。價值是我可以自由分享的禮物，幫助我發現大家在被另一個人所經歷的痛苦推開、拒絕或放棄時需要的空間。我不會試圖向那些需要空間的人證明自己的價值和重要性，而是相信我的存在本身就是一項益處，無論我在不在場都能幫助到他們。無論這種對空間的需求所引發的感覺為何，我都認知到這是能在更深層次上與真實自我交流的機會，可以幫助我激發更多關於自身內在價值的表達。身為一個神聖的空間保留者，我讓那些使虐待正當化的意念現在就從自己的能量場中清除，回到它的起源之處，澈底改變並澈底療癒。

我所提供的價值是為了支持讓每個人的心變得更柔軟，就算它會被曲解、忽視或拒絕，甚至是面對與我相反的立場也一樣。若是這些情況傷害了我的感情、引發過去創傷的回憶、讓我對他人更加不信任、變得自我封閉或心生憤恨，我會為自己提供一個神聖的空間與感受相處，並向任何覺得沒有價值的部分，獻上價值這份禮物。無論是給予自己、他人或是對全人類的祝福，我都讓價值的特質從現在起支持我做出更勇敢的決定，而非安於現狀。

價值的支持性聲明

「謝謝你幫助我了解你所需要的空間。」

充分發揮價值的特質，你就不會把別人的反應解讀為跟自己有關，也不會容忍他們肆意把情緒發洩在你身上。一個人在對抗內心的痛苦時，就像受傷的動物在躲避狩獵者，會把其他人推開。儘管你本身並沒有那些造成對方過去創傷的特質，但他們會下意識地進行連結，將你視為潛在威脅。對方可能不知道自己需要多少空間，甚至不想與自己的感受獨處，然而一旦你透過「價值」支持他們，同時拒絕容忍虐待傾向，這一點就會變得非常清晰。

透過支持性聲明「謝謝你幫助我了解你所需要的空間」，便能藉由體認到你可以為他人的療癒過程提供空間，來消除拒絕所帶來的刺痛。

如果你遇到需要空間的情況，支持性聲明也可以變成「謝謝你幫助我了解自己所需要的空間」，以免你把感受投射到親近的人身上。如果你無法開口要求取得空間或尊重別人需要的空間，這種相互依賴的模式只會導致更多的糾纏行為（譯註：enmeshed，指家庭成員間界線模糊，行動和情緒上容易過度干涉彼此的生活）和無意識互動。有時候你會感受來自他人溫暖的愛，有時候你需要提供為他人最大好處著想的愛，如果放手能讓他們邁向更幸福的道路，你也願意這麼做。

要是對方所需要的空間最終導致外遇、背叛、欺騙或遺棄，你最好正視他們真正的動機，接受這段關係的消逝，而不是處於不知情的狀態，甚至是遭受更糟的對待。

無論是面對欺騙你的伴侶、遭遇低潮就自我封閉的朋友、一談戀愛就搞失蹤的熟人，甚至是將你與自身痛苦歷史連結的人，「謝謝你幫助我了解你所需要的空間」這句支持性聲明可以釋放過去，幫助你從遠處保留空間，並讓「滿足自己需求」成為你提升自身價值感的焦點。

價值的行動

價值這項特質能幫助你從賦權的角度體現愛，而不是淪為他人的情緒出氣筒。

遇到有人處於痛苦、悲傷和不安的時刻，你可能願意提供幫助。但是不管出發點有多好，你是否想過也許你的介入反而讓對方擔心受到批評，因此無法深入探索自己的感受。比起說服他們相信你擁有強大的包容心，你有辦法放下自己過去所扮演的拯救者角色，並藉由這個機會為他們提供空間嗎？

對於孩子的攻擊性行為，你能不能將之視為「無法應對不可避免的變化和損失」所導致的情況，而非自責是個失敗的父母？如果透過提供空間，你讓孩子有更多時間了解自己，往後更願意分享心情、體驗呢？給他們空間自行消化，並不代表他們會承受更多痛苦，而是讓孩子有機會去反思、接受情緒和自我價值。

面對愛人的拒絕，你可以解讀為這是生命為你們安排好的發展。說不定與幻想中的命定之人保持距離，其實讓你免於一段有毒或者暴力關係。

如果命運創造了讓你無法與臨終親人告別的情況呢？也許他們需要時間和空間獨處，以便進入來世，而非分神去擔心這些留下來的親人。沒有見到他們的最後一面從來都不是你的錯，這或許正是他們臨終時最需要的，並為大家的生命之旅帶來更高的益處。

你和朋友疏遠不見得是對方遭受痛苦，而是因為他們從戀愛對象身上找到喜悅。當朋友不太跟你聯繫時，你還願意祝福他們的感情關係嗎？

價值的日常實踐

如果想將價值的特質帶到覺察之中，請嘗試以下的實踐方法：

● 這項練習可以幫助你跟自己的感受更一致，才不會在別人因為需要空間把你推開時，貶損自我價值。請仔細觀察這五個步驟中怎麼幫助你進入更有價值和覺察的空間。請在空格處填寫最能描述你在回應他人對空間需求時，所感受到的情緒，然後慢慢地逐項閱讀，細細體會其中的變化：

a. 我因為他人的行為感到＿＿＿＿。

b. 我之所以覺得＿＿＿＿是因為感覺到＿＿＿＿，而非因為其他人的行為。

c. 他人的行為幫助我看到了在我內心揮之不去的＿＿＿＿未解決模式。

d. 我很感激有機會更深層地去療癒＿＿＿＿。

e. 感謝所有為了幫助全人類提升，協助我療癒＿＿＿＿的人。

● 如果你受到虐待、威脅或傷害，請務必告知你生命中值得信賴的人。打破虐待循環的最重要步驟之一，就是去克服自己試著幫施虐者辯解的傾向，因此，如果發生了這種事情，務必告知親友甚至尋求相關單位的協助。無論你覺得幫助多麼少或不值得，或者對法律體系有多不信任，真正療癒的唯一方法會在你不再因施虐者小我的控制模式而分散注意力時出現。如果你不確定對方的行為是否為虐待，或懷疑自己看待這些行為的方式受到過往創傷的影響，請尋求有執照、嚴格受訓療癒師的建議，他們能提供你所需要的客觀觀點。

● 最簡單的賦權行為能讓你每天都往培養更強大的自我價值邁進。無論是整理車庫、重整衣櫃，還是挪出時間接觸音樂或其他創意嗜好，你都可以花點時間向自己證明今日比昨天又成長了一點。無論小我興起多少防衛心，你都值得盡力記住：你值得只會讓生活變得更好的改變。

CHAPTER

6

多元就是同理的明燈

我很清楚地記得那一天。天空陰森森的，彷彿用盡全力才能擁抱這個世界，迎接瞬間的巨大衝擊。這種感覺和我以前在校園裡感受到的很相似，那種劇烈衝突即將爆發、暴風雨前的寧靜。我打開電視，在不同的頻道看到執法人員跪在一名男子的脖子上。男子痛苦萬分、呼吸困難，哀求饒命，甚至大聲呼喚媽媽——到底發生了什麼事？為什麼四名警察在這麼長一段時間以如此隨意的方式動用武力？

經歷可怕的九分鐘，警察在光天化日之下濫用權力，奪走喬治・佛洛伊德的生命。看著全國許多城市變得分崩離析，我覺得震驚、困惑和恐懼。與我年輕時無法理解的洛杉磯暴動（譯註：發生於一九九二年，事件起因同樣是警察針對非裔男子過度執法）不同之處在於，這次我與事件沒有情緒上的距離，當熊熊怒火在各地城市蔓延時，我身體的每一部分都充滿憤怒。我記得自己一直在複誦祈禱文：「願發生的一切是為了所有人的幸福而展現。」它已成為我最熟練的祈禱文之一，我沒有試圖譴責正在發中的暴力行動，而是設定一個意念：「更大的和諧、幸福與平等正從所有崩潰的灰燼中重生。」

對我來說，這是一次改變人生的經歷。我一直支持所有人享有平等權利，擁抱我兒時的英雄（如馬丁．路德．金恩博士、甘地）和平和鼓舞人心的訊息。我總是會站在學校裡被霸凌的孩子那方，並與來自不同種族的人建立友誼。我深深記得小時候常和一位中東血統的朋友一起消磨時間，玩了好幾個小時的電動後，我總希望他媽媽願意煮美味的波斯米飯給我們吃。

身為種族平等的強力支持者，看著全國各地爆發的暴動，我簡直動彈不得。接著，以前從未聽說過的名字開始流傳：曼紐爾．埃利斯、威廉．霍華德．葛林、布倫娜．泰勒、丹尼爾．普魯德、麥可．拉莫斯、德里肖恩．里德，如今加上了喬治．佛洛伊德，名單還在繼續累積。

這些還只是不幸被執法人員殺害的少數，而我小時候學到的是要將執法人員視為社區的支柱和安全的象徵。我有一些兒時玩伴的父母是警員，負責在街上巡邏，我也一直把警察的形象理想化。小時候，只要看到一輛巡邏車或一對警官在當地的購物中心散步，我就會有一種如釋重負的感覺；但另一方面，對於許多我所認識但種族與我不同的人，關於看到警察出現的經歷卻可怕許多。

我還小的時候無意識中就了解種族歧視的概念。每次看到或聽到歧視行為的發生，我都會心痛，感覺像是在說「對不起，這種遭遇竟然發生在你身上」。以前我都認為這是敏感、富有同情心和謙遜的表現。但這次的情況感覺不同，這似乎是世世代代壓抑痛苦和忽視人類同胞的苦難的集體業力爆發。

每當有事件是為了集體療癒而發生的時候，我都會透過社交媒體平台來促成團結、和平與愛，但那天我突然停了下來。我會是這一刻最好的發言人嗎？我是否會剝奪不同種族的人挺身而出、和平領導的機會？有鑑於這些發生在受害者身上的虐待犯行可能永遠不會發生在我身上，現在最需要的真的是和平嗎？此時此刻真正要求我去做的是什麼？

無論有多少問題紛至沓來，答案都是「愛」——對人類的愛、對因種族暴力而四分五裂的家庭的愛。我在每種文化中所見之美的愛，它們應該受到讚揚而不是迫害。團結之光帶來的愛，將所有眾生連接為一體。

感受到此時所需要的愛時，我想到金恩博士優美而充滿愛意的話語，於是發了一則他的名言圖卡，上面寫著：「黑暗無法讓我們驅逐黑暗，唯有光明可以。

仇恨無法泯除仇恨，唯有『愛』才可以。」我覺得，如果歷史上有哪個時刻需要金恩博士的話來凝聚和鼓舞大眾，就是此時。

由於集體爆發出如此多被壓抑的痛苦和憤怒，有些人直言不諱地反對我的貼文，認為我在批評抗議活動，傳達走出舒適區、走上街頭是不靈性的。這全然是誤會，我只是在如此悲傷和絕望的黑暗時刻，分享一句給了我靈感的句子。

還有人留言說：「我們不會只因為你這個享有特權的白人感到不舒服，就讓事情這麼算了。」這句話讓我心碎，也摧毀了我內在的自由鬥士。儘管貼文中有馬丁．路德．金博士的名字和照片，但沒有人針對他所說的話發表任何評論。那一刻，我的形象被簡化為種族鴻溝的一個普遍例子，也引來一些人把自身的想法投射到我身上。

我不得不問自己，這些真的是投射嗎？如果我真的就是在狀況外怎麼辦？我會不會真的被特權蒙蔽了雙眼，那些自以為有幫助的言論其實只是在對受害者說教？也許我錯過了什麼。我有生以來第一次質疑自己內在最深層的道德價值觀，甚至不確定自己是否真的支持一直在捍衛的平等。

我坐在沙發上，就像一個受傷倒地的戰士，看著一群人大喊著「黑人的命也是命！」的同時，也有另一群人持反對意見，大肆宣揚那些惡意傷人的立場。在內心深處，我知道自己是誰，也清楚自己的立場，然而我想就算金恩博士在世，也無法平息在全球各地瀰漫的怒火。

這段期間，我注意到許多人一起支持更大社群拓展活動和更廣泛的社群募資，但是也看到集體無意識利用這個時刻煽動暴力、搶劫店面和燒毀社區，就好像內心有著摧毀傾向的人，一直在等待最佳時機合理化這些行為。

在我貼出那則金恩博士圖卡之後的一個小時，支持和批評的留言都持續增加。出於痛苦和困惑、不知道如何面對這種不和諧，我刪除了這篇貼文。「愛」本來是四季生長的果實，在此時卻遍尋不著。我因此事被貼上「另一個躲在白人特權背後的靈性導師」的標籤，如此傷人的評論與我的立場、我支持平等無關；這與我內心正在醞釀的深刻變化也無關。

起初我想：「這一定是別人必須經歷的。」隨後一股更深層次的智慧開始發光，它告訴我：「不，這不是其他族裔或少數族群所經歷的。透過站在被壓迫者的立場一小段時間，你窺見了他們生活的一小部分。你只是在社交媒體上被嘲笑了幾分鐘而已，你從未經歷過生命受到威脅、親人被殺害，或者僅僅只因為種族符合罪犯的特徵就被警察粗暴對待。你的經歷並不同於其他種族的人有過的感受或遭遇。

「這是你對世世代代埋藏在社會底下的一小部分痛苦，富有同情心的短暫領會……例如從故鄉被轉運、成為白人家庭和貴族的僕人，再到被迫於邊境與父母分離的孩子，以及警察執法的方式在各地有著巨幅差異的現象。與此同時，你有時間、空間和能力去理解那種痛苦，而不用擔心自己的下一頓飯從哪裡來，或者子彈什麼時候會射進你客廳的窗戶。」

當這些想法進入我的靈魂時，我淚流滿面，因為一項令人驚訝的事實浮現：身為一個有同理心的人，我能夠敏銳地察覺他人的感受，但我只能從自己的角度去理解，就像一個客觀的觀察者，雖然可以感受到每個人的情緒，卻永遠無法真正體會他們獨特的生活體驗。隨著這個真相越趨深入，我開始看到自己躲藏在哪些面具的背後，誤以為同理心可以讓我了解遭受種族歧視的人的真實生活樣貌，現在我意識到這是一種廣為社會所接受的傲慢。雖然這並非出於故意或惡意，但以前我誤以為能夠透過同理對方去概括他們的掙扎，而現在我知道，自己其實做不到。

這種轉變澈底改變了我的反應方式，從先前的「我了解」轉變為「請幫助我更理解從未面對過，也可能永遠不會遇到的事情」。這是我體驗過最深刻的同理心，透過誠實面對自己所無法理解的經驗，讓我更能夠理解性別和性傾向所引發的歧視，甚至包括那些逃離戰亂國家的人所經歷的生活。我曾坐在客廳裡，淚眼婆娑地承認，我永遠無法體會失去親生孩子的母親所承受的痛苦，也無法體會職場上女性所面對的玻璃天花板，更無法理解認為自己生錯身體的苦惱，或者擔心展現真實自我會在家族中失去歸屬的恐懼，甚至無法想像擔心朋友是否在最近的炸彈襲擊中受傷或死亡所帶來的不安。

在宇宙的見證下，我坦白承認曾經以為自己理解了一切，但事實證明——我從未真正理解過。無論如何嘗試合理化現實，都無法改變那些令人心碎的事實。我所能做的就是成為我的種族、性別和個性的最佳榜樣，讓其他人有機會在這個已經與壓迫、不公正、偏執畫上等號的形象中，找到一處安全的空間。我希望成為一個能夠聆聽所有人言論的空間，而不是透過他們的文化或社會分類來篩選聆聽對象。我希望透過對於「自己缺乏直接經驗」的深刻理解，讓其他人有機會在更深層次上被看到、被聽到、被療癒。

身為一個從未受到經常性不公平對待的人，我認為這是我的權利、榮幸和特權去傾聽、承受他人的絕望，並在他們哭泣時提供可以依靠的肩膀。我已經不再說「我了解」，因為我深刻明白自己無法真正理解。當他人使用「撐過去」或「所有生命都很重要」之類的說詞來延續種族之間的分歧，我會一直記得這個觀念。

雖然我在那決定性的一天筋疲力竭、情緒低落，但我從未比那一刻更有活著的感覺。

耐心的特質

雖然小我會認為可以根據「差異」和「相同」之處來理解他人的經驗，但其實你永遠無法真正了解對方的親身遭遇，因為這種理解只能透過讓人能被聆聽和接納的空間來建立。只有在你給予他人被聆聽和接納的空間時，你才能直接感受到每個瞬間的真實本質。雖然「聆聽你對於他人歷程的理解」和「讓他們在你面前重溫痛苦時刻」之間的區別很細微，但耐心通常是其中關鍵。

耐心這項特質意味著你花時間對另一個人的現實表現出真正興趣。你越是相信自己能全然理解另一個獨立個體的複雜性，那麼當對方分享更多、持續時間超過你的小我所能承受時，你就越容易失去耐心。相反地，如果你能意識到自己無法真正理解他人的親身經驗，除非自己也經歷過，那麼你就能從他們分享的內容中學習到更多。

透過耐心，你將理解其他人對你的看法與你對自己的看法為何不同。雖然你已經花費很多時間了解自己的獨特性，但對他人來說，你可能只象徵了他們所承受的苦難。耐心還可以幫助你為其他人保留空間，讓他們可以待在自身療癒之旅現在所處的階段。很多人都深陷於自己的劇烈痛苦中，因此不知道你希望他們如何看待你或對待你。讓耐心引導你，你越能坦白承認人與人之間的共同點非常少，就越有可能從某人分享的主觀經驗中學習，甚至為他們創造向你學習的空間。

在舊的靈性典範中，「合一」強調的相互連結是從覺察彼此的相似性而創造出來的。從這個較淺層的互動來看，我們從彼此身上發現越多共同點，就會感到越安全，越不恐懼雙方進行連結。雖然這可能是從陌生人變成朋友、鄰居、同事甚至人生伴侶的方式，但當我們欣賞人與人之間所存在難以置信的差異時，就會出現更深層次的合一。雖然小我將「缺乏相似性」詮釋為威脅而非機會，但只要接受你和其他人的共同點是那麼地少，就可以為所有人創造更大的興趣和空間，讓大家盡情探索。

這讓我想起過去一段為期二十八天的印度之旅，每家店的老闆都會問我：「你對印度有什麼認識？」

我的回答是：「我對印度一無所知。我很高興來到這裡並且學習。」

這樣的熱情似乎感染了與我相遇的人，因為我知道自己是外國遊客，沒有試圖將自身的文化強加給他們。即使我了解了一些關於印度的事情，那也只是我透過自己的文化觀點去解讀他們的生活方式。我想盡可能從當地人的角度來體驗這個國家。雖然許多旅行者面對截然不同的異國文化會感到困惑和憤怒，我卻能保持開放、興奮，並因為自己與當地居民的差異而備受啟發。

過去的靈性典範將「合一」與「相同」畫上等號，讓我們產生一種傾向，只願意對那些想法、經歷很相似的人敞開心胸。所以在新的靈性典範中，「合一」不再是指言行舉止或外表看起來與他人相似，而是從無垠宇宙的觀點來看待一切，靈魂擁有無限的方式來表達獨特的自我。

依循耐心特質的指引，你就不會再急於尋找共同點，或是透過聲稱自己理解對方，倉促地帶著他們走過所遭遇的事情。事實上，你只了解你自己：你思考和詮釋的方式、你對人事物的分類，以及你如何根據自身的選擇、限制和獨特遭遇來比較你對他人的看法。

這就是為什麼耐心是同理心的指路明燈。你越是坦承自己再怎樣擁有同理心，真正能夠了解的也只有自己的人生觀，你就越能敞開心扉去了解別人的生活有多麼不同。

可能會出什麼問題呢？

展現耐心這項特質會讓你體驗到更高層次的情緒忍耐力，彰顯你的內在其實非常具有深度。克服不同程度的不耐煩可以幫助你有所突破，進入容忍、信念和接受度的新境界。雖然把握任何微不足道的時機來加強耐心是很有效的方法，但如果太過極端，你的小我可能會發飆或者自我封閉。如果發生這種情況，你就必須從「為他人保留空間」轉換成「為自己騰出時間」。當你的小我表現出從開放轉變為惱怒、無法傾聽或對他人的分享不感興趣，甚至渴望去其他地方等行為時，代表你為他人提供的能量可能超過了關注自己的情感需求。習慣性「忽視自己能付出的很少」一事，反映出你在培養耐心時可能會遇到的問題。

為了培養耐心，你必須全然尊重自己在不耐煩時容易過度付出，這需要敏銳的洞察力去辨別你在哪些時刻可以跨出舒適區，哪些時刻又該停止互動好照顧你自己。你越善於為自己保留更大的空間，就越能注意到自我防禦機制，提醒你記得向內充電。

然而，這並不代表一出現不耐煩就要立刻結束互動，你可能只是需要離開這場會面或是這張餐桌出去透透氣。在調整呼吸後，你可能發覺自己已經能夠釋放方才被觸發的一連串情緒。如果你的不耐煩感很快又回來了，也許代表你已經筋疲力盡了，而在消耗殆盡的狀態下，你也無法提供他人任何東西了，所以面對他人的差異時，你的容忍度就會明顯下降。

從保留空間的角度來看，如果你沒有處於最佳狀態，要怎麼為他人提供最好的協助呢？試圖在匱乏狀態中繼續付出，沒有人能從中受益。學會從更高的角度來覺察，你將變得非常善於為自己保留空間，不再落入過度給予的狀態，因為如今不耐煩會幫助你認知到煩躁、枯竭和疲憊是內在小孩乞求休息的訊號。

設定耐心的意圖

為了擁抱真正的合一，並為自己和他人保留耐心的空間，請大聲念出以下句子：

我要透過耐心的特質為自己和他人保留空間，體現「人在當下」的恩典。我允許耐心從充滿真正興趣的空間中浮現，並讓他人的靈魂可以盡情展現自主性和獨特性，即使他們與我不同，我也能感受到彼此產生更深入的連結。耐心是我可以自由分享的禮物，幫助我認知到生命的多樣性能為親密和平等提供發展的空間。我允許小我進化，就像一個天真的孩子在我的內心成長、整合和發展成熟，這樣我就可以為遇到的人培養出更多耐心。

我讓耐心激發每個人身上的獨特性，就算它會被曲解、忽視或拒絕，甚至是面對與我相反的立場也一樣。若是這些情況傷害了我的感情、引發過去創傷的回憶、讓我對他人更加不信任、變得自我封閉或心生憤恨，甚至是出現疲憊的跡象，我會為自己提供一個神聖的空間與感受相處，並向任何筋疲力盡的部分，獻上耐心這份禮物。無論是給予自己、他人或是對全人類的祝福，我都歡迎耐心的特質開拓我的感知，從合一的角度認可每個人在共同成長過程中的不同之處。

耐心的支持性聲明

「我們不急，請慢慢來。」

你可以透過耐心的特質，學習從別人的角度來接納他們的旅程，而非自己受限的觀點。這讓其他人有空間敞開心扉，安心傾吐他們願意分享的內容。這就是為什麼耐心的支持性聲明是「我們不急，請慢慢來」，因為既然你都可以提供時間，為什麼不讓對方知道他們可以放慢步調，細細品味每一種感受或擔憂？

相較於你的進展，其他人可能比較慢才願意分享情緒，但透過耐心這項特質，「你與對方同在」也幫助你與自身的感受建立更深厚的關係，因為你的感受從另一個人的角度來看也是獨一無二的。在繁忙的日子裡，你也能溫和提醒自己「我們不急，請慢慢來」，以更輕鬆的心情完成瑣碎的任務並注意細節。透過耐心的特質，你開始減少對於其他人的行為解讀，也減少投射到他們身上的期望，如此一來，你也不再執著於以特定的條件來定義成就感。

當「我們不急，請慢慢來」成為你的生活節奏時，你會更開放和興奮地應對每一項不確定，而非無止境地煩惱。

耐心的行動

耐心這項特質讓你能尊重所有人的個別經歷，將之視為每個人獨特神性的表達。

與長期受到邊緣化的人互動時，他們可能會直覺地將你的性別、性向、文化、宗教或膚色，與過去壓迫他們的力量連結起來。與其覺得被批評或誤解，不如視之為體現耐心的機會，並藉由改善你所代表的種族、性別、性向、文化、宗教等，為所有人提供更大的療癒。

也許無窮無盡的任務清單是宇宙教你放慢速度和慢慢來的方式，讓你更有耐心。如果你生活中有個總是對你不耐煩的人，其存在目的可能是要幫助你練習對他們更有耐心。跳脫小我迷信的想法之後，你會發現其他人未經處理的痛苦並不會降低你的能量頻率，而只是反映出你自身的疲憊，促使你挪出更多時間來充電更新。也許不斷需要換工作、轉換職涯跑道、更換情人、搬家或重塑自己形象，這一切都只是為了滿足你心中的不耐煩罷了。

最終你可能會發現，其實只要為自己保留空間去探尋何謂真正的滿足，生命中就沒有其他需要改變的事物。

耐心的日常實踐

如果想將耐心的特質帶到覺察之中，請嘗試以下的實踐方法：

● 想培養更多的耐心，請在完成每項日常任務時讓正念引導你。無論是更認真地刷牙、仔細品嚐每頓飯的味道，還是早上整理床鋪，這些簡單的瑣事都可以幫助你透過與手上正在做的事情有更深的連結，從中找到更重要的意義。

● 煩惱的時候記得稍微休息一下。當你筋疲力盡時，別管其他人的要求或堅持，請勇於給自己休息的權利。

● 請把每個人視為他們靈魂的具體化，接納他們的種族、性別、性向、個人喜好，甚至是不同的情緒觸發因子，這麼做能夠提升生命中的合一感。願你坦誠地與每個人會面，每一次都有如第一次為他們提供時間、空間和能力，讓他們成為比以往任何時候都更美好的自己。無論這是否有助於他們以不同的方式表現自己，願你始終尊重多元之美，不以任何特定方式定義他人。

CHAPTER 7

界線是一種
自我愛惜的行為

身為富有同理心的人，你很容易因為可以深刻體會他人的感受，或是希望全世界都快樂而過度付出。因為對情感敏感的「共感人」是天生的情緒療癒師，會反映和轉換埋藏在他人內在的創傷，他們的感受可能會很強烈，同時又努力保持開放的心態跟大家分享這項美好的天賦。儘管共感人可以幫助其他人將內心的脆弱感，轉變為精神力量的源泉，但他們也有自己的進化之旅要走。對他們來說，建立個人界線很重要，因為幫助他人有更好的感受是他們共同的潛意識動機；別人感覺好，他們自己才會覺得好。

無論你經歷過多細微或戲劇性的狀況，過度付出的傾向都源於不知道如何區分自己與他人的感受。我從小就陷入這個困境，一直到成年才能理解自己發生了什麼事。我以前在跟其他同儕互動時會感受到許多情緒湧現，經常誤以為這些感受就是他們對我的看法，導致我創造一套看似很有說服力的想法：「沒有人喜歡我，大家都討厭我。除非我能感覺到他們很開心，否則就不覺得自己有受到接納。」

發現自己竟然維持錯誤的想法這麼多年，而且沒有意識到背負著它們有多麼消耗身心，真是令人慚愧。我童年義不容辭地扮演著開心果的角色，並且吸收從別人身上感受到的每一種情緒，將它們變成一張自卑的面具戴著，不停向外尋求肯定。這種模式經過多年執行，我發現無論人家給予多少肯定，這張自卑的面具幾乎是堅不可摧的。

也因此，難以將自己的感受與他人的經歷區分開來的人，會傾向尋求小我庇護。我的內在小孩可以背出一張長長的痛苦名單，上面的這些人都曾是我全心協助的對象，只為了讓他們在接受完幫助之後拋棄我這個「工具人」。如今身為一名成年人，我比較能從正面的角度看待這種模式——沒錯，我幾乎在所有的關係中都過度付出，而其他人也已竭盡所能給予我肯定。確實許多有意義的關係在沒有任何解釋的情況下就斷了。我在一個幾乎沒有可靠夥伴的世界裡覺得自己是大家的療癒者。沒錯，當你學會以「拯救他人」作為建立連結的方式時，無論這種關係多麼短暫或片面，都會讓人感到非常孤立。

雖然我花了很多年才從對他人的失望、心碎和怨恨中走出來，但隨著時間推進，我開始從更高層次看到人際關係的動態。曾被我解釋為拒絕或遺棄的行為，實際上給了我非常多的獨處時間，幫助我了解了自己所經歷的內在本質，而不會將它們與他人的感受混淆。

有件事情很明顯，當我花越多時間了解自己，就越容易區分自己的情緒與他人的反應。就好像我自己的感覺有一種特定的頻率，不妨想像成我在超市的清潔用品專區總會聞到一股特殊的氣味。周圍其他人的情緒會散發出不同的特質，如果沒聞到那股特殊的氣味，我就知道這些情緒不是我該去探索的，而是來自其他人。

這種覺察成為我對界線的初體驗，也讓我從「需要不斷透過讓大家都振作起來以尋求認可」的需求中解脫出來。它幫助我扎根並持續專注於我個人感知的獨特性，同時也能尊重其他人有權擁有不一樣的經歷。從這些遭遇中，我開始理解空間的重要性，甚至將界線推崇為一種自愛行為。蛛絲馬跡隨著時間和我心智的成熟度逐漸累積，我開始能夠感覺到自己是多麼被接納、多麼有價值，以及我與宇宙的連結一直是多麼地完整。

這可能不僅是我的故事，也是你正在經歷的個人歷程。請更尊重你的敏感度和他人的主觀體驗，願它能帶領你走向內在英雄之旅的終點，並結束這項悲劇——幾乎每個人在你面前都感覺很好，除了你自己。

尊重的特質

有個對於「尊重」的定義強調了保留空間的核心概念：「對他人的感受、願望、權利或傳統給予應有的尊重。」為了表現出這種尊重，就必須去察覺個人空間的存在，並遵守規則，不讓你自身的願望、偏好或期望越界。當設定界線成為一種自愛的行為時，尊重的特質可以幫助你找到內在價值，得以請求和接受你或他人所需的空間。

我小時候並不知道個人空間的存在。我會把獨處的時間全花在玩電動或盡情發揮想像力，因為這些活動能幫助我逃離因為受到周圍世界忽視而產生的「我不值得」感受。那時我認為設立個人界線是很粗魯、自私和無禮的拒絕方式。我想回到過去對當時的自己說：「我是來自未來的你，想提供一點建議。你知道嗎，那些被你詮釋為自私、粗魯和無禮的人，只是需要自己的空間而已。他們其實是在保護自己的能量、權利和優勢。界線是基於他們的需要，與你無關。」即使如此，我很肯定年輕的自己會毫不猶豫地反問：「為什麼他們需要保護自己的能量？這是在說我很令人討厭嗎？」

人會隨著時間和逐漸成熟，意識到關係是從相互尊重的沃土中綻放——這裡說的尊重，是指無論自己有多麼想參與，都願意允許每個人有權做出自己的決定、擁有觀點和歷程，特別是在「給予空間」能造福所有人的時候。以尊重為行事的準則，意味著你不只要專心地與對方同在，還要願意為自己未能參與其中的經驗提供空間。更重要的是，要知道你的小我永遠不會理解這一點，因為它總是認為：「為什麼有人會需要我提供空間？你是不知道我有多棒吧？我有很多東西可以付出和分享。」

這就是「相互依賴」被誤認為「忠誠」，「過度付出」偽裝成「全心全意」，「個人界線」被解釋為「拒絕」。對於小我這種干涉的解決方法，與解決共感人的難題方式相同，你學會透過建立空間來更了解自己，也就越能平靜接受個人界線的存在，甚至享受其帶來的好處。透過尊重的特質，你便能夠尊重自己的身體作為靈魂進化的容器，是需要休息才能充電的。就像一輛汽車的油箱裡如果沒有足夠的油，就無法走上預想的旅程。

小我對於創造界線的抗拒很像在鬧脾氣，因為覺得沉默和靜心太無聊，反而無法讓自己獲得真正需要的休息。簡單地說，你永遠不會因為請求個人空間而冒犯真正愛你的人，反言之，把這種需求解釋為拒絕的人，並沒有學會如何真誠去愛。此外，那些不知道如何真誠去愛的人尚未發現自己其實富有同理心，因此無法察覺到像你這樣的共感人在日常生活中會需要消耗多少能量。其他人可能認為你只是在做一些雜務或枝微末節的小事，然而對敏感的共感人來說，考慮到他們隨時隨地所傳遞的能量，一些簡單的小事就夠讓人筋疲力盡了。

在尊重的指引之下，你會把創造和維護界線當成自愛的行為，無須與他人爭論界線的必要性、證明你的需求，或是為自己辯解。愛自己就是尊重自己，尊重自己就是樂於給予自己所需的一切。愛別人就是像尊重自己的歷程一樣地尊重他們的歷程。尊重他人就是樂見他們的需求得到滿足，無論你是否在旁陪伴。

了解尊重、愛和適當界線三者之間的明確關聯，就能為親密關係帶來真正的圓滿。你透過尊重的特質創造出充滿愛的持續性連結，在這種連結中，兩顆心因共同的盼望而團結合作，支持著彼此的幸福和成就。

透過尊重的特質，願你最充滿愛的意圖和與人連結的興致，能在適當空間的幫助下扎根與平衡。願任何因他人建立的界線而感到受傷者，能認知到這是你能夠提供的禮物，雖然形式上可能是你最不想要的。願尊重的價值能與「愛與被愛的渴望」同等重要，也願你花時間去認知到，一個人的需求只會對所有牽涉其中之人帶來助益。

可能會出什麼問題呢？

你的難處往往與別人誤解、不尊重個人空間的需求有關。事實上，大家常常將「需要空間」誤解為一種懲罰，從而促使小我想方設法成為更容易被接受、更有吸引力的模樣。這種觀念忽視了一點，人之所以需要空間，是為了在更進一步的互動前替身心能量充電。

當你要求擁有空間時，可能會有人指責你這麼做傷害了他們，但事實未必如此。千萬不要因為有人會把你的需求視為拒絕，就代表你應該忽視自己需要的空間——通常這對於共感人來說，是比較不熟悉的思考方式，因為共感人通常很怕傷害到別人。

面對「個人空間的需求」感覺像是被拒絕的原因之一是，父母的相互依存行為模式很容易跟奉獻的美德混淆。孩子會看到父母親付出了他們所有的精力，卻沒有為自己留下任何東西。無論是以父母、其他家人，甚至是學校老師為仿效對象，當以「無條件的愛」之名出現了過度付出、過度承諾和過度供給的傾向，就容易把「相互依存」與「奉獻」混為一談。只要周圍有人需要自己的空間，這些受到相互依存模式制約的人就會覺得被排除在外，進而導致小我認定自己是這些需要空間的人眼中的麻煩。小我為了重新博取獲得對方的好感，就會經常思考如何幫他們帶來更多好處、更少麻煩。

如果過度付出的傾向很強烈，遇到有人跟你互動時反應很平淡，你常常會覺得怨恨、被忽視或被低估。這就是為什麼陷入相互依存模式的人會努力要讓其他人開心，因為他們的安全感、被接納感和正常感都建立在別人的喜怒上。

「需要空間」這項要求若激起對方殘忍、騷擾或羞辱的反應，就能看出「偏執」（譯註：obsession，又譯為執念、痴迷等，指隨時想高度控制他人的需求，藉此擺脫被拋棄、不被愛等恐懼）和「真愛」的區別。在一段愛情關係中，我們會在相處的時候培養彼此的連結，並在分開的時候加深連結。可是，如果每次你需要設下界線的時候，對方的不安全感、毫無根據的嫉妒或暴躁似乎就會爆發，這通常代表他們的愛中帶有更高程度的偏執。偏執會讓你覺得自己更像是對方所擁有和控制的「物品」，而不是在真正親密伴侶關係中被重視和尊重的「人」。

透過尊重的特質，你可以從取回力量、照顧自己的需求，無須配合他人認為你該把時間精力花在哪裡的想法。

設定尊重的意圖

為了解除相互依存，並為自己和他人保留尊敬的空間，請大聲念出以下句子：

我要透過尊重的特質，為自己和他人保留一個自信、透澈的空間。我允許尊重能從深刻的辨別力中展現，讓我能根據自己或他人對於「設立界線」的反應，從中區別無條件的愛和偏執兩者的差異。個人界線並非都是針對別人的行為所做出的回應，而是我為了在不過度付出的前提下，敞開心胸和分享所需要的行動。尊崇界線的必要性，讓我得以實踐更深層次的自愛，同時也向自己展示誰是真正能從一致的、有意識的立場愛著我。保留空間能協助解決任何因為身為共感人所感受的混亂，我從自己的能量場清除所有相互依存的模式，讓這些模式回到根本的源頭，全然轉化，現在完全療癒。

我讓尊重的特質喚起每個人最高的情感成熟度，就算它會被曲解、忽視或拒絕，甚至是面對與我相反的立場也一樣。若是這些情況傷害了我的感情、引發過去創傷的回憶、讓我對他人更加不信任、變得自我封閉或心生憤恨，或者明顯的疲憊狀態，我會為自己提供一個神聖的空間與感受相處，並向任何感到不滿的部分，獻上尊重這份禮物。無論是給予自己、他人或是對全人類的祝福，我都歡迎尊重的特質幫助我傳達個人需求，無須他人許可，去做任何最適合我的事情。

尊重的支持性聲明

「我希望我能付出更多，但是該結束了。」

為了明確表達你在設立界線，「我希望我能付出更多，但是該結束了」這樣的支持性句子，可以讓你確認在傳達自身對空間的需求時是值得尊重的。雖然有人會因為失望而感到受傷，但告訴他們「我必須完全滿足個人需求」的這項能力，可以幫助你在理解他們痛苦的同時，不會讓他們的問題成為你必須解決的問題。若要比喻的話，不妨想像自己在坐計程車，車子突然在到達目的地前的幾個街區停下來。司機對你說：「我真的很想載你抵達目的地，但我的油已經用完了。很抱歉通知你，這趟車程在這裡結束了。」

就像這位司機一樣，只要能有更多的燃料，每個人都願意成為其他人心目中希望的樣子，然而人生持續要求你注意一點，那就是你能給他人的能量非常稀少。你只能二選一，要麼基於自重而選擇自我照護，要麼就是不斷迎合他人貪得無厭的偏執行為。透過表達「我希望我能付出更多，但是該結束了」，就可以根據他們尊重你的程度來分辨誰有能耐在你心中佔據更深的位置。那些質疑或無視你需求的人，其實是在幫助你看得更清楚，了解誰只是因為你能帶來好處才加以接近。

體認到這種區別的同時，那些反對你需求的人更加證實了設立界線的重要性。同樣地，表達這些需求的陳述也很重要，因為我們也很常在未與他人坦率溝通的情況下，就默默為自己騰出空間。共感人往往因為害怕遭到反對，而選擇偷偷滿足自己的需求，這種做法對那些不清楚我們需求的人來說，會覺得很冷漠、封閉以及疏遠。

透過支持性聲明「我希望我能付出更多，但是該結束了」，你開始學習如何在充滿無條件之愛的空間中生活，同時保持自身的成熟，讓誠實的溝通成為任何不斷發展連結的基礎。

一開始，你可能會覺得這樣的聲明是在破壞他人的美夢，或是害怕會因為無法達到對方的要求而從此被拒於門外。但是，你越是經常說「我希望我能付出更多，但是該結束了」，就越不用為了自己的需要而道歉。即使看似這一生中只有你一個人抱持如此想法，然而正是這份選擇不從眾的能力，將開啟更大的空間，讓更多值得尊重的人進入你的生命中。

尊重的行動

尊重這項特質能讓你自己的需要得到尊重，不再混淆愛與強迫，也不再透過過度付出來建立連結。

朋友在你趕時間的時候，急切想要分享重要的消息。你一直告訴朋友「我很想聽你說，但我現在真的沒有時間」，但對方堅持不放人，持續霸佔你的時間。請問你會就這樣讓自己遲到嗎？會把朋友的行為當成宇宙在測試你有多善良嗎？還是會把這種互動視為機會，讓對方知道你現在無法給予他們想要的東西？

也許你工作上的需求，或是與伴侶、孩子的互動，都讓你感到疲憊和不知所措。隨著假期逐漸接近，你擔心家人無法支持你擁有獨處時間，而是要求你得配合他們理想中的假期行程。這時候你願意給予自己需要的空間，並讓他們了解那些投射到你身上的期望嗎？或者你會放棄尊重自己的需要，優先滿足家庭潛意識中的期望？

你剛開始與新對象約會的時候，可以問問他們在獨自一人時會做什麼來滋養自己。如果他們沒有創造獨處的機會，或者沒有發現獨處時間的重要性，這可能代表他們在這段感情中會採取偏執模式，即使現在看起來一切美好。當然，你沒辦法只用一個問題論斷對方，不過還是得注意，他們若在生活中缺乏空間可能預示著你會遇到同樣的情況。

你可能因為不知道如何尊重他人的界線，而害怕被拒絕或拋棄。如果是這樣，你能不能試著把他們對空間的需求，轉換成為自己保留充滿愛的空間的機會？

你承諾要出席孩子的表演或比賽，最後因為推不開的公事或家裡有突發狀況而缺席了。無論你道歉多少次，孩子都不領情該怎麼辦？你能否設立界線，尊重他們需要空間來處理悲傷？並且了解到即使孩子的愛顯得飄忽不定，父母的角色就是不間斷地給予無條件的愛。

尊重的日常實踐

如果想將尊重的特質帶到覺察之中，請嘗試以下的實踐方法：

- 開始使用本章和前幾章的支持性聲明，盡量減少說「對不起」的頻率。大家往往在不知道能說什麼的時候使用這個表達方式，我希望每句支持性聲明中隱含溝通的意識，能幫助你更直接和具體。雖然你可以用「對不起」來表達對他人不幸的同情，但請用更具支持力的句子替代，例如「我希望我能付出更多，但現在時間不方便」這句話，你就清楚傳達了你的決定，沒有因為別人的事情而委屈自己。

● 你可以想像回到過去，安慰並且去愛那個仍困在昔日創傷中、年輕時的自己。請憑直覺或是想處理的創傷選擇一個年齡，想像與當時的你見面談話，甚至想像看著他們融入你已經成年的身體。如果你不確定怎麼選擇，可以隨時詢問自己的心，看看哪些部分需要透過只有你能提供的愛，方能找回安全感。

● 如果你發現自己對過去的情人念念不忘，或是執著於他人造成的傷害行為，甚至是網路上流傳的陰謀論，請從事更有意義的自愛行為。無論是休息一下、對著自己說「我愛你」、呼吸新鮮空氣或者去運動，每個有力量的選擇都有助於打破強迫模式的停滯能量。每次用有意識的選擇去替代偏執模式，你都會提醒自己「選擇」會決定你生活中各項體驗的品質。

CHAPTER 8

感激永遠合宜

我從很小的時候就一直對上帝的存在很感興趣。雖然我們家並沒有特別虔誠，但每次我們家提到各種神奇的事情時都會歸功於上帝。無論你是對宇宙、光、意識、真理、合一、靈性、神性，甚至只是「救世主」等詞彙產生共鳴，說不定你也曾在最意想不到的時候，受到潛入意識中、那驚人和不可思議的美好感受所吸引。小時候我越是對自己漸長的好奇心抱持開放心態，這種神聖的存在就越能成為我的體驗。

有鑑於我心中與神性的共鳴，父母親教導我上帝存於萬物中，是慈愛、睿智、仁慈的存在，祂只希望給我最好的。這是相當撫慰人心的訊息，也是我內心旅程啟程所需的鼓勵。

我大概十一歲時開始上主日學，為我的猶太教成年禮做準備。在那裡，自發性「理解」開始更頻繁出現，每當聽到描述憤怒上帝的聖經故事時，我的內心最深處只感覺這些故事非常的「人為」。我沒有意識到自己當時可以本能地了解一件事：「人類為了控制同類所創造的上帝」和「無法言喻的、永遠存在的精神之光」之間有著明顯的區別。

我有些朋友從小就夢想成為下一個麥可．喬丹，有些人渴望追隨父母的腳步加入執法單位。對我來說這種激情是指向內在的，所以只想透過對我內心本能來說有意義的方式，與這神聖源頭進行最深層次的交流。我想第一手見證神性的完美榮光，同時渴望成為神聖存有的最完整展現，並為召喚我的最高意志服務。

小學五年級的一個下午，發生了感受到這股神性的關鍵時刻。那天我們在聽合唱團演唱節慶歌謠，他們開始唱《你聽到我聽到的嗎？》，我感覺到體內能量爆發，腦袋裡只有一個念頭：我需要找個地方把它發洩出去！不然我就會在大家面前出糗。

我奔出禮堂、跑到操場中間，發出最尖銳的叫聲，開始失控抽泣。我沒有痛苦、不安、受傷或生氣，我不知怎地觸碰到一股最純粹的靈性力量，它就在我自身生命的最核心之處，好像內心深處有什麼東西被釋放了。我不知道發生了什麼事，但很清楚在這一股無形的愛的力量面前，我是平安且穩定的。

我在童年和青春期有過好幾次這種深刻卻短暫的感受，但到了青年時期，逐漸茁壯的覺知開始更加頻繁地增強。當它綻放時，我對於感恩的力量和表達方式特別感興趣。我最早是在國高中時發現了一種微妙的感恩形式，我拿它來抵禦同儕的霸凌。當時有一群同學經常嘲笑我的身高：「老兄！你好矮。」內心有某樣東西鼓勵我說出：「我是很矮沒錯。感謝你們的關心。」他們看著我，彷彿我做出了史上最笨的回擊，然後他們就一哄而散。顯然，取笑我對他們來說並不好玩，因為我沒有按照他們的期待予以反抗。

隨著我日漸成熟，感激會因為別人對我的批判而重新浮現。我會真誠地想：「無論你選擇如何看待我，都感謝你花時間關注我，將我視為你生活的一部分。」每次我選擇感恩時，都會體驗到一股相當令人驚喜、陶醉的幸福感。儘管那些傷人的話衝著我來，我還是會感到被牽掛、安全和安心，就像五年級那個神聖的下午所體驗到的。

童年對電玩的熱愛激發我以有創意的方式看待感恩。每次在表示感謝的時候，我都會想像自己又累積了振動頻率的分數。當我開始用感恩的眼光看待生活，我越來越了解每一次互動、結果和情境都是一份禮物，目的是要激發我最高和最大的美善——即使是以令人困惑、沮喪或難以承受的遭遇作為包裝。

我越是懷著感激的心情，內心就越安定，在世界中感受到的平和就越多，與他人的連結就越緊密——無論我們的意見多麼不同，無論他們選擇如何看待我。當我了解到自己不需要控制任何人的觀點或選擇，就能獲得感恩帶來的幸福時，我感到非常自由。它仍然沒有讓我和那些嘲笑別人的人成為好朋友，但它改變了我的觀點，讓我得以看到每個人經歷總是非常主觀，以及通常是難以忍受的，我不必將它們解讀為是在針對自己。我提供的感謝越多，我的靈魂就覺得自己更深深沉浸其中，感恩成為我以同理心過生活的一種方式，這種同理心受到光的存有的保護，取決於我允許自己多麼開放、卸下防備和感激。這就有如我默默歡迎每個人都成為神聖源頭的化身，不管他們潛意識中想要如何呈現自己或者是如何看待我。

你或許會認為這讓我受到更強烈的攻擊和批評，然而，情況並非如此。

感激的特質

感激的特質是你與生俱來最深層的能量和情緒防護罩，不需要建立在他人的痛苦上。當你從單純感謝別人對自己所做的事情（包含你不喜歡的），轉變為可以感激他們潛藏在背後的真實自我時，你就能由內而外地更深入了解自己的神性。

當代文化中，許多人因為社交媒體設立的機制，忽略了感激的重要性。你透過「喜歡」或「不喜歡」來把別人分類，並以此決定自己怎麼對待他們。小我是仰賴對自己有益的價值觀為生，認定它所喜歡的任何東西都應該獲得你最好的一切（愛、讚美和熱情），而它不喜歡的一切都應該被冷落、架空，或是成為你最有防衛心且具有傷害性的反應。因為小我最初是受到你內在未解決的痛苦制約所驅動，所以理所當然會有這樣的反應——任何它不喜歡的東西都應該受到指責，因為阻礙了更多它想要或喜歡的東西進入現實。

內在的道德規範會敦促你希望別人怎麼對待自己，你就該怎麼待人，但小我主要是對人做出批判性的回應。當小我不喜歡時，它會想像自己受到委屈，尤其是當對方的行為與你平常對他們的看法不同之時。這會觸發你內在的恐懼反應。如果你遇到陌生人做出意外之舉，小我也會很自然地關閉，作為抵禦未知威脅的原始保護形式。也許這可以幫助你從更富有同情心的角度看待小我，將其視為人類在恐懼生存模式下的行為。

無論是你與自己的關係，還是他人對待你的方式，若你覺得自己有如一支投資商品，在小我動盪的股市中不斷漲漲跌跌，那麼感激特質就會把你從這種令人筋疲力盡的評斷循環中解放。既然你可以寬容地將小我視為自己在恐懼時採取的回應，那麼顯然也有能力去評斷你所害怕的事情。但是透過感激的特質，你不需要去讓誰印象深刻、不必去證明什麼、不存在任何需要小心翼翼對待的期望。最重要的是，你不再把其他人難以捉摸的喜好放在心上。即使批判不斷出現在你面前，那也只揭露了批判者自身的恐懼。

在為自己保留空間的時候，可以好好感謝小我，將它視為試圖保護自己最受傷部分的方法。這麼做能夠幫助你深入傾聽、給予真誠的尊重，並且珍惜透過以心為本的方式對待自己，能讓你的神性更加閃耀。你越是與自己最恐懼和具批判性的部分培養出充滿愛的關係，就越不會認為那些心中的自我批評是事實。如此一來，你就越有可能清楚看到這些部分，其實是在乞求它們不知道如何索取的注意力或者自我價值感。

雖然小我可能會試圖化身為保護者，但透過與小我的親切互動，你才是扮演小我解放者的角色。你從保留空間的角度進行的互動越多，就越容易與那些根據批判和恐懼來行動的人建立連結。最終，你會經由持續安全且充滿愛的空間來付出，教會小我如何接受。當小我能持續感受到安全感，必定會放棄把你想像成需保護的脆弱對象。你友善的態度終究會幫助小我了解它可以信任你，即便它害怕失去自以為擁有的控制力。

雖然小我的控制只是一種信念，但如果你試圖糾正，小我可能會因為感到被嘲笑、攻擊或批判而封閉。當聽到一些它不想思考的事時，小我就常常以這種方式做出反應，因為那可能會破壞它建立的「否定世界」。為了把那些它誤認為是事實的「否定」掉，小我會定期檢查自己的好惡清單。這實際上是為了「耗盡恐懼能量」這個更崇高的目的，隨著小我開始疲倦，就會放棄恐懼和否定，以及它曾經如此堅信的好惡世界。

這可能會幫助你對自己和他人的批判產生同理心。雖然保留空間並不代表你一定是每個人最好的朋友，但是意識到其他人所承受的痛苦和絕望時，就可以軟化內心的僵硬，無論他們是否還沒有發現自己的生存模式。同樣地，即使每個人的真實本性都是神聖的，也不代表他們該在你的生命中佔一席之地。與此同時，即便對方的行為和覺察似乎與「以心為本」相去甚遠，若你選擇以報復性評論回應他們對你的批判時，並不表示你在幫助他們進化。

無論你決定與誰共度時光，透過感激的特質，你可以在他們的神性面前表達敬意，就算他們扮演的是幫助你學會鼓起勇氣離開的「黑天使」。這麼做有助於實現兩項基本真理，第一項是不需要批評那些讓你需要空間的人，這只會讓你與神性分離。第二項是即使對方是幫助你身心進化的黑天使，也不代表你必須與他們保持親密。

可能會出什麼問題呢？

當你依循小我的指示，讓言行受制於自己對他人的評斷時，就不會獲得真正且持久的滿足感。這是小我永遠無法理解的，因為它受到的制約只能進行假設、預期、慾望、渴望、鬥爭和批判，沒有能力在自私自利的觀點之外進行自我反思。小我無法理解「不滿」的感覺是針對批判行為所產生的一種情緒解讀。批評的傾向往往反映出你有多少未處理的痛苦和未解決的恐懼。這並不能為這類行為開脫，但是譴責也無助於解決這種模式。它只是提供一個更高的視角，讓你在面對那些透過區分「喜歡」和「不喜歡」、逃避進行連結的人時，不會認為他們的好惡是自己的責任。

與深陷批判心態的人互動時，他們很可能不會把你的「感激」解讀為「喜歡」，因為這並不符合小我所認知的現實，所以會頑強抵抗到事情變成符合自己的預期為止。你可能會以「我很感激你」或「謝謝跟你共處的這段時間」作為開頭，但當對方拒絕敞開心扉時，你只會遭受強烈蔑視。從保留空間的角度來看，你只是透過不斷發展、有意識的溝通技巧來提供充滿同理心的支持。在感激帶領之下，事情是不會出錯的，除非你像小我一樣也抱持著特定成見。

舉個例子，你和伴侶正在體驗期待已久的浪漫假期，對方卻因為放不下的工作壓力而直接發洩在你身上。這時候，你完全有權決定與他們進行連結的頻率或親密程度，同時感激自己有機會從更有洞察力的角度採取行動。

當你能夠感謝神性的本質、而不成為任何人小我的奴僕時，就更能隨著神性所體現的模樣，掌握神祕生命之旅的潮起潮落。當你的自我價值因你所擁有的空間品質而竄升時，就會逐漸了解「真正的幸福來自內心」這句話的內在含義。當幸福更多是取決於你的反應方式、而非外在熙熙攘攘的情境時，你將開始感受到情緒自由的狂喜。在那裡，你可以做你自己，無須去管別人如何解釋你的行為或定義你的存在。

設定感激的意圖

為了培養與神性更一致的連結，釋放批判和恐懼的傾向，並為自己和他人保留感激的空間，請大聲念出以下句子：

我要藉由感激的特質，為自己和他人保留一個更能與內在連結的空間。我獻上感激來榮耀自己和所有人真正的神聖本質，同時尊重每個人為了覺察這項永恆真理所經歷的旅程。雖然對方的行為我可能不會喜歡，甚至可能感到厭惡，但無論我想如何評論他們，我都能超越批判和害怕的假象，透過提供感激以幫助他們的靈性得以進化。透過接納感激的特質作為與神性更一致的切入點，我從自己的能量場清除所有批判傾向和恐懼模式，讓這些模式回到根本的源頭，全然轉化，現在完全療癒。

我所提供的感激是為了喚起內心的情緒自由，就算它會被曲解、忽視或拒絕，甚至是面對與我相對的立場也一樣。若是這些情況傷害了我的感情、引發過去創傷的回憶、讓我對他人更加不信任、變得自我封閉或心生憤恨，或者明顯的疲憊狀態，我會為自己提供一個神聖的空間與感受相處，並向任何受到忽視的部分，獻上感激這份禮物。無論是給予自己、他人或是對全人類的祝福，我都歡迎感激的特質幫助我提高自我價值感，以此榮耀並紀念我在所有人身上所遇到的神性。

感激的支持性聲明

「我很感謝你的分享，很高興你願意說出來。」

即使神性存在於每個人的內心，但大家普遍認為發生不幸的時候，最富關愛的超自然力量不可能存在。這就是為什麼感激的特質對於幫你牢記並重新連接到內在的神性之光是如此重要。與其在遭遇困境時陷入生存模式，不如改為選擇在靈性扎根，靈性扎根越深，就越能獲得心靈最成熟的特質，例如你在本書中探索的內容。雖然將這種覺察灌輸給他人不是你的責任，但透過感激的態度來引領，你將扎根於神聖本質，並在不忽視自己的需求與界線的情況下，給予他人保持本來面目的空間。這會讓你獲得極大的成就感。

這就是為什麼對感激的支持性聲明是「我很感謝你的分享，很高興你願意說出來」。透過提供這種情緒，你會記得他人的言行往往是反映了他們在療癒之旅中所處的位置，絕非是你個人價值的度量衡。即使有人似乎不喜歡你的某些部分，這樣的聲明也可以幫助你尊重他們的自我表達，不需要針對他們的意見回應「同意／不同意」或「喜歡／不喜歡」。

當感激的特質幫助你前進一步，而非回以猛烈抨擊或自我封閉時，你可以透過將它們視為自己選擇要接受的禮物，來讓批判性攻擊失效。藉由這種方式，你會記起宇宙永遠只會提供對你最有益處的事件，並且在感激的引導下，看到宇宙不斷提供協助靈性進化的恩典。比方說，他人的批評也許提供你更廣闊的視野，或是你因此發現他們言行不一，對於他們在你生命中的地位做出調整。說不定，你在對自己或他人施加嚴厲批判時，獲得意外的覺察。此外，在對你不喜歡的人事物進行批判時，向自己提供感激的支持性聲明有助於將你從這種依附模式中解放出來，同時抵消投射出來的批判能量。

即使在你為自己保留空間時，也可以對你最痛苦或最不喜歡的部分說：「我很感謝你的分享，很高興你願意說出來。」這樣的聲明可以讓你為即將釋放的一切準備一個情緒垃圾桶。

在這個空間中，每次你表達感激之情，神性的真理會幫助打破個人和集體的虐待、忽視和創傷循環，造福一切。

感激的行動

感激可以幫助你在經歷每個進化里程碑時，維持靈性根基並與真理保持一致。

也許你生活在一個表達感受總是會被責備的家庭。雖然你可以選擇與親人的小我相互對抗，但透過從真誠空間表達感激之情，你總是能找到更具同理心的方式來面對。無論實際上值得感激事物有多稀少，當你說出「我很感謝你的分享，很高興你願意說出來」時，就是在為親人提供更大的支持，而不是內化他們的投射、反駁他們的主張，或不斷需要藉由重新獲取對方好感的方式行事。

也許世上的殘忍、不公平和虐待讓你難以承受。討厭這些暴行是很自然的反應，但很有可能批判它們只會在其他人身上，為這些模式創造更多活躍的時間和空間。如果你的感激不是一種「喜歡」或「靈性逃避」的形式，而是感謝有機會見證人類的集體無意識，並且以你最強大的行動力和具備同理心的能量場促成轉變呢？如果你能感謝自己所提供的療癒，抱持開放態度而非對立，或許便能確保越來越少人會在面對生活中最令人不安的情勢而受傷。

也許那些反對和仇視特定對象、行動或政策的網路社群和論壇，無論他們如何美化自己的動機，都仍是暴民心態的無意識展現。你可以察覺自己只能透過更良善的行為來創造「更大的良善」的嗎？當一個群體投射出「厭惡」之情，你是否能戳破那些被當成合理化藉口的正義假象？你能理解唯有「喜歡」或「厭惡」雙方都受到點醒和療癒之後，方能打破集體虐待的循環嗎？

如果你在和伴侶相處時，他常常從事一項你並不特別感興趣的活動，該怎麼辦？雖然你一定能找到自己喜歡的休閒方式，但為何不藉此機會把批評擱置一旁，感謝那個為伴侶帶來快樂的嗜好呢？既然他們的小我如此投入，你只要花點時間尊重他們的快樂，就可以幫助他們感覺更容易被接納。

也許你三不五時會認為世界一直變得更糟糕，這個傾向可以提醒你記得定期進入內心並為自己保留神聖的空間。如果你不去試圖感謝那些感覺如此可怕、不可逆轉和難以抗拒的生活觀念，而是能夠認知自己最恐懼、只知道如何透過浩劫濾鏡來請求愛的關注的部分呢？

感激的日常實踐

如果想將感激的特質帶到覺察之中，請嘗試以下的實踐方法：

- 每當對自己或他人出現批評時，請暫停一下，找出你批評的對象值得欣賞的地方。即使你覺得自己被鎖在最負面觀點的高牆裡，也只需花點時間說：「願我正在批評的人能夠因所有人的更大利益而得到感激的祝福。」

● 在日記中列出你感謝的事物，每天添加十到二十則，不要重複。花點時間帶著興奮和喜悅審視你的現實生活，尋找更多值得感激的例子，無論它們看似有多微小，像是喜歡的衣服、最珍貴的收藏、海洋、接觸大自然的機會，甚至是你可以呼吸的能力。

● 為了建立更大的自我價值和內心安全感，請勇於接近你認為沒禮貌的人，讓對方知道你有多麼感謝他們。即使你不歡迎他們的行為，你所提供的也會成為從你的本質發送到他們神性的感激時刻。只有走出你的舒適區、給予別人比他們所能提供的更多，你才能敢於為每個人的利益啟發一個更平靜的環境。

CHAPTER 9

面對現實
會令人不適，
但沒關係

能夠在人生出乎意料激烈和不舒服的學習曲線中，認出那些對自己有益的禮物，才是對信念的真正見證。因為大多數人都帶著成長經歷帶來的創傷，你當前的成長層次很可能會讓你想起曾經覺得遭受懲罰的時刻。藉由這種與過去的連結，你可能會認為自己的不適是出於內心的抵抗或錯誤的行為，好像你不知何故偏離了自己命定的崇高之路。但如果你正在行走的路線是命中注定的，那它就是一個你不會錯過、偏離或可以拒絕的終點。當你培養了更深的理解力，就會發現每個時刻都在幫助你為下一個進化的里程碑做好準備，絕對不是懲罰或走錯路，而且生命也不是你透過小我最受限的信念濾鏡所認知的樣貌。

小我自以為擁有掌控一切的力量，若不是在想方設法維持它，就是在努力證明自己擁有它。因此，當小我所相信的完美現實受到挑戰、質疑或需要妥協時，往往難以招架隨之而來的痛苦。在小我堅持「只要凡事按照我的意思做，人生應該就會變得更好」的同時，如果你願意完全相信神性，真正的成長就會發生。

在成長過程中，我幾乎對所有事物都感到害怕（包括我自己的力量），因為一直生活在高度警戒的狀態中，我習慣隨時審視周遭環境，尋找任何迫在眉睫的威脅。成年之後，我可以將所有的擔憂歸結為對痛苦的恐懼，因為這代表失去對一切事物的控制。但隨著我靈性之路往前推進，我透過這些舊有的恐懼來進行深入的自我探索。我問自己：「是什麼讓痛苦如此難受？」每當「這不應該發生」轉變為「現狀就是如此」的勇敢時刻出現，我都體驗到兩種經驗之間的深刻差異。

宇宙安排了一件讓人痛苦不已的意外來測試我新得到的理解。大約七年前我得了流感，為了增強免疫系統，我服用葡萄柚籽萃取物。小瓶子上的指示說要在水中滴幾滴以稀釋藥效強度，我很好奇葡萄柚籽萃取物到底有多強？我想要找出答案。

要滴幾滴在水裡然後攪拌均勻實在太花時間了，我就直接往嘴裡滴，在口腔裡轉了轉然後吞下去。「很簡單嘛！」我這麼想著。過了一下子，我注意到牙齒周圍彷彿發出隆隆聲，很快便覺得影集《冰與火之歌：權力遊戲》中史詩般的戰鬥場面正在嘴裡上演，上下牙齦的每一寸都好像著了火。隨著熱度飆升到令人痛苦的程度，我的求生本能開始發揮作用。

一開始，我只是呼吸、試圖將每一波刺激都變成冥想，但疼痛劇烈且無情。它保持在最高強度，於是我站起來尋找其他舒緩方法。我往牙齦上潑冷水，這只能暫時緩解疼痛。當我又察覺燒灼感時，情況變得更糟。我翻遍浴室的抽屜，尋找任何可能有用的東西，發現了一小瓶幾個月前買來用在牙齒和牙齦的麻醉凝膠。啊哈，就是這個！當我的手因如此敏感部位的激烈疼痛而顫抖時，我不知怎麼著竟然還能塗抹凝膠。棉籤上的小塊棉花黏在我的牙齦上，但我不在乎，我把希望都押在凝膠上。

然而牙齦很快就開始灼痛和刺痛，凝膠根本沒有幫助，只是在我的嘴裡火上加油。「這完全是一場災難！」我抓起一張紙巾擦掉嘴裡的凝膠和棉花屑，結果衛生紙碎屑又弄得更亂了。好不容易弄掉嘴裡每一塊棉花和紙屑，我坐在沙發上，痛苦地扭動身體。第一個念頭是「為什麼會發生這種事？」隨之而來的是自責「看看我做的蠢事！」最後，我回過頭來思考如何補救，於是打電話到急救中心。

「先生，對不起。」護理人員直接說道：「我們無能為力，你只能等它自行消退。」

我痛苦地坐回沙發上，從頭到腳都被汗水浸濕，我突然開始大笑。「今天真的很經典的失控事件！我做或不做什麼都不重要，事情就是會發生，直到它改變。」這是非常出人意料和前所未有的臣服時刻，想到這一點我又笑得更厲害：我一生中大部分時間都在害怕痛苦，但我都只是在預期它會發生。當我回頭看，發現每次害怕它的時候，內心其實都沒有不適。我沒有察覺到痛苦並不存在，因為我忙著期待它的到來。我不能害怕折磨和絕望，因為我已經身在其中。它冷酷無情，我能做的就是讓它引導我走上宇宙為我計畫好的冒險——即使對我來說這場冒險真的是糟透了。

葡萄柚籽萃取物帶來的刺激需要十二個小時才能退散。這次的事件留下了一個不同版本的我——扎根於更深層次的勇敢，而且現在會認真看待保健食品的使用說明。現在我很清楚自己非常需要一記強硬蠻橫的痛苦，來幫助我擺脫試圖逃避痛苦的習慣。我沒有害怕它，而是尊重它如何幫助我面對一陣陣無處可逃的強烈疼痛。不知為何，我不再將「不適」視為懲罰或者對安全的阻礙，相反地，

「安全」取決於我在「現狀」下繼續生存的意願，無論當時有多難以忍受。

這是我的小我體驗到它其實無法掌控一切的時刻。一旦「現狀」成為我唯一的選擇，許多更深層次的強烈情緒就會開始消融。

勇敢的特質

透過勇敢的特質，你可以在不需要捍衛、維護、爭論、妥協或避免任何事情的狀況下，經歷「現狀」帶來的不適。當你開始發現無法避免的痛苦遭遇如何幫助你消除對它的恐懼時，就更能為自己和他人保留堅定的空間，讓你從可怕的環境中得以生存。

當你與恐懼和痛苦的關係變得更加以心為依歸，覺察將幫助你跨過「喜歡／不喜歡」的框架，讓面對「現狀」變得比你想像的更容易接受。

在勇敢特質的指引之下，它會本能地為你提供克服困境的力量、耐力、恩典和堅韌。透過這項特質的幫助，你對未知的恐懼將不再擾亂感官或扼殺小我。相反地，它會幫助小我放棄其根深蒂固的控制信念，這將未知的領域轉變為好奇、有趣甚至令人興奮的事物，而不是令人手足無措。

為了抵達小我從未真正去過的地方，你必須如過去從未做選擇那樣去選擇，這也代表你很可能不得不去感受以前從未感受過的事物——全都在一個具備更多支持和更新視角的現實中，你在那裡歡迎一切可能，沒有什麼需要逃避的。當你在不適的時刻保留更大的空間時，就是在收集關鍵證據提醒自己是多麼堅強、有能力，並且準備好面對痛苦和恐懼。在獲得更多時間去注意自己真正的韌性時，即使生命沒有提供值得接受的經驗，你也會培養出更多勇氣，這將幫助你從失敗、毀滅和絕望的灰燼中復活。藉由培養勇敢的特質，你將真正與自己同在，並成為你選擇支持的人更強大的陪伴來源。

從保留空間的角度來看，你必須面對的情緒痛苦強度，反映了正在經歷的轉化過程有巨大。無論你是在清理埋藏的情緒碎片，還是在見證新覺察意識的積極擴張，不適感本身就證實了療癒之旅中所存在的「生長痛」。

即使小我得知這件事，也只會想著有沒有辦法讓這股「生長痛」不那麼強烈。有這樣的念頭是再自然不過，但重要的是必須理解療癒過程中，時間與強度的關係。要讓路程輕鬆，就需要更多時間，但這樣的話，小我會對進展緩慢感到憤怒；另一方面，若想走上進展最快速的道路，這段旅程會反覆出現高強度的困境，等你成功走完也就完成了自身的療癒。由於勇敢這項特質可以幫助你克服「現狀」帶來的不適，所以這種高強度的旅程是促成你超越個人極限的大好機會。

小我經常以「保護者」自居，因此請務必記住，它只是試圖保護你避開那些你一直很恐懼的情況和後果。勇敢面對每個人時，你會發現害怕的情況減少，甚至可能會發現一旦好好面對「現狀」，其實根本沒有什麼好恐懼的。這個決定性的轉變會讓小我找不到溺愛、說服或控制的對象，最終造成小我的消退。小我一直沒有意識到，它所認知的「死亡」實際上是通往永恆重生的大門。透過勇敢的特質，你保留空間的能力能將小我從「控制」的信念中釋放，讓放手的時刻得以產生。

正如我在以前著作中所寫的：「你不是那個放手的人，而是那個被放走的人。」雖然許多人試圖放手，以為這需要意志力來執行，但實際上，一旦小我發現「控制」只不過是它曾經相信的一個想法，就會自發性地從中解放出來。

諷刺的是，小我除了抱持著恐懼的想像之外，其實並不知道自己在對抗或逃避什麼。雖然每種情況的本質都是創造療癒的機會，但你確實擁有決定每個時刻是為自己帶來洞見或是傷害的能力。透過勇敢的特質，你不再需要痴等來自宇宙的完美信號才能面對已經發生或將要發生的事情，你保留空間的能力可以幫助你進入旅程的下一個層次。

可能會出什麼問題呢？

面對「現狀」的時候，通常只要是小我無法控制的事，我們就會認為有很大的機率出差錯。「小我認為情況出了差錯」並不代表你真的犯錯或採取了不當行為——除非你真正受到虐待，這時就需要迅速採取行動維護尊嚴和安全。小我無法如願以償的時候，我們通常會覺得其他人不公平，更諷刺的是，即使小我一直得償所望，它也不會更快樂。

小我通常將痛苦視為幸福的障礙，認定只有痛苦消失，真正的幸福才會存在。事實上，幸福是生命力的延伸，生命力是生存的意志。你越是接受自己的生活是不可預測的，就越可能體驗到更多幸福。雖然小我無法想像幸福和痛苦如何共存於同一個現實，但是你絕對有能力去覺察「痛苦的經驗如何帶來解脫感」。

從小我的角度來看，「什麼地方可能出錯」這個問題也涵蓋「觸發內心深層脆弱」這一情形，因為它認定敏感是一種弱點，會增加被拒絕的機會。然而，你越是卸下自我防衛、傳達自己面對命運造化的束手無策，與人建立親密連結的可能性就越高。小我之所以將脆弱視為弱點，是因為無法觸及勇敢這項特質，把脆弱從詛咒轉換為禮物。這就是為什麼你在自己的療癒之旅中佔有如此重要的一環，不僅身為經歷進化轉變的人，而且身為空間保留者，你可以獲得強大勇氣，讓面對「現狀」以優雅的方式展開。

當「沒有如願以償」不再是運氣不佳、業力反彈、頻率太低的證據，或任何其他類型的批判，你將跨過受害者的門檻，取得更多的力量。雖然小我相信「如果事情有所不同，我會心胸更開放」，但正是勇敢的特質提醒著你，應對痛苦或面對不適最好的時機就是在它開始的時候。無論這樣的經歷是否會暴露出他人最壞的一面、導致危機中的家庭成員發生爭執、擴大人際關係的不和，甚至造成意想不到的損失——在你堅定不移支持力量的推動下，就能以最強大的自尊和力量面對每一種情況。這一切都只需要勇敢的意願，即使是在為了只能害怕的自己保留空間的當下。

另一個必須記得的是，沒有所謂「錯誤的」勇敢方式，有的只是事情未必會按計畫進行。小我可以思考、想像或得出任何它想要的結論，但不會阻止你採取那些越是推遲、必然之事就越顯得可怕的舉措，這不是很好嗎？

想像一下，你懷裡抱著一個受驚的孩子，他說：「我太害怕了，無法繼續前進。」藉由勇敢的特質，你可以說：「我真的理解你的感受，但我們只有在前進中才能找到真正的安全。」

雖然許多人堅稱自己沒有足夠的勇氣去面對迫在眉睫的困難、挫折或不適，但正是面對這些不舒服的經歷，才會讓潛藏最深的勇敢甦醒。

設定勇敢的意圖

為了釋放對痛苦的恐懼和逃避模式，並為自己和他人保留勇敢的空間，請大聲念出以下句子：

我要透過勇敢的特質為自己和他人保留空間，無論它看起來多麼不舒服、不方便或令人沮喪。我獻上勇氣來榮耀整合中的小我，它想像中的控制無法阻止我面對「現狀」。無論我的小我是自認為擁有控制權、為所欲為，還是為捍衛或維護某件事而戰，我都會一直讓勇氣的智慧引導我邁向下一階段的進化。透過接納勇敢的特質，我從自己的能量場清除所有對痛苦的恐懼和逃避模式，讓這些模式回到根本的源頭，全然轉化，現在完全療癒。

我允許勇敢的特質為內心注入神聖的更新力量，並透過我願意接受自己的脆弱而展現出來，就算它會被曲解、忽視或拒絕，甚至是面對與我相對的立場也一樣。若是這些情況傷害了我的感情、引發過去創傷的回憶、讓我對他人更加不信任、變得自我封閉或心生憤恨，或者明顯的疲憊狀態，我會為自己提供一個神聖的空間與感受相處，並向任何恐懼的部分，獻上勇敢這份禮物。無論是給予自己、他人或是對全人類的祝福，我會從保留空間的角度來調整自己看待事物的方式，允許勇氣的特質將恐懼轉化為神性。

勇敢的支持性聲明

「不管你感覺如何，你都做得到。」

雖然你的支持可以讓對方更能忍耐強烈的痛苦，他們的小我通常會將你視為新的避風港。對方若處於逃避的狀態，小我可能會用盡方法來拖延更多時間，卻沒有意識到自己越是逃避，面對痛苦時的感覺就越可怕。對方可能會哀求你幫助他們逃避害怕面對的事情，或產生強迫行為（例如各種成癮問題），甚至是突然爆發的殘忍行為。想要成為一位有能力的保留者、而非逃避的幫凶，這就是為什麼勇敢的支持性聲明是「不管你感覺如何，你都做得到」。

透過這個句子，你提醒對方他們已經準備好進入未知的領域，甚至是去面對他們最深的恐懼，而在另一端等待他們的是更新和重生。永遠要記住一點，你並不是在說服對方可以做到他們堅持自己做不到的事情。你並不執著於特定的結果，只需要讓他們知道「不管你感覺如何，你都做得到」，你為他們保留的空間，能讓他們記起一直存在於內心深處的勇氣。

這種支持性聲明是勇敢的催化劑，即使他們躲了起來或是信賴別人勝過自己，單憑你對他們的信心，一定能幫助他們感受到更大的社群感。藉由他人的鼓勵，集體意識中的真理會幫助每個人完成他們認為自己永遠無法實現的事情。無論你是感覺到某人更強大的力量，或只是希望他們在自己身上找到這種能力，你灌輸給另一個人的信念都會為他們的意識提供一個機會，能夠從更扎實、專注和自信的位置出發。逆境會讓他們覺得生活正在崩解，但勇敢所帶來的智慧有助於建立必要的信心，讓他們去做以前從未做過的事情。

你的支持性聲明可能會導致對方自我封閉、拒絕嘗試或逃跑，即便如此，你勇敢相信他人的能力也會培養你對自己擁有同樣信念。也許你所尋求的勇氣就來自於大聲說出這句建議：「不管我感覺如何，我都做得到。」只要重複這些能帶來力量的話，就會提醒自己，無論感受如何，你都可以面對和克服一切。雖然許多人會錯把小我的顧慮當成直覺發送的「逃跑」信號，但你表現出的勇敢會消除這些小我造成的誤解。無論希望是唾手可及還是在千里之外，只要記住「無論你感覺如何，你都做得到」，最意想不到的祝福就會來敲門。

勇敢的行動

透過勇敢的特質，你更有可能走出舒適區，去發現原來當生活不再是小我負責管理、保護或控制的對象時，一切會有多麼不同。

你可能必須與有需要的朋友、同事或親人談論很嚴肅的話題。你深切且堅定地想要幫助他們，早已將自己可能因為開啟不討喜的話題而被討厭的擔憂置之度外。你願不願意為了盡力支持他人的健康和幸福，去做你不想做的事？

不要認為自己所遭受的痛苦、承受的損失是來自業力的懲罰，說不定它們是幫助你停止躲藏在自責模式的契機。宇宙總是為了你身心靈的最佳利益著想，你準備平靜面對了嗎？

你之所以感到如此疲憊，原因或許並非來自生活中的其他人，而是你自己害怕分享的內心真實所致。會不會你一直在逃避不適，反而為小我保留了最佳藏身之處？如果逃避只會讓你跟內心渴望的真正自主、滿足、解放和快樂漸行漸遠，該怎麼辦呢？

恐懼的感覺或許只是小我面對需要小心的事物時，產生的反射性判斷。我想請你自問，你是這種模式的保護者，還是勇敢的解放者？

勇敢的日常實踐

如果想將勇敢的特質帶到覺察之中，請嘗試以下的實踐方法：

● 列出你因為畏懼或不知所措，而一直拖延或逃避的行動步驟。在勇敢和力量的幫助下，願你以任何對自己最有幫助的步調，勇於完成每一項任務，讓你無所畏懼、不會想得太多或否認。願你將每項任務視為提醒自己「無論你感覺如何，你都做得到」的絕佳機會。

● 每天至少向一位熟人發送訊息，告訴他們「我相信你」。如果你在前面的章節中已經有跟親近之人進行類似的日常練習，也可以更進一步，發送訊息給你失去聯繫或一段時間沒聯絡的人。你也可以在與鄰居的短暫互動中說這句話，或者寫在結帳單上，當成給餐廳服務生的鼓勵。

● 如果你聽說了一場悲劇，希望你願意多加關注那些倖存下來的人，而非單純忍受這件消息所帶給你的痛苦，這麼做能進一步擴展你內在的勇敢特質。

CHAPTER 10

時間是最有智慧的療癒者

自從搬離加州追尋療癒師的職涯，我開始以不同的眼光看待父母。我為自己累積和壓抑的感受保留越多空間，就越容易將我們一家人視為一起踏上旅程的靈魂夥伴。我不再執著於失望及受到背叛的記憶，也不再為了父母親變化無常的情緒而無所適從，我現在看到的是兩個一起找到愛的人，他們永遠是我最強大的啦啦隊——無論我經歷多少跌跌撞撞才找到自己的路。

長大成人後，我開始發自內心地感受到他們承擔了多大的壓力。我父親這輩子每天都拚了命地投入銷售工作，就為了證明給自己的父母看，而我母親身兼家長、律師助理、家長會主席和我外公的代理人，彷彿全世界的重擔都壓在她身上。我不禁訝異他們怎麼有辦法滿足我童年那些大大小小的願望。身為他們的子女，我是不是一直誤以為他們在某種形式或方法上有所不足？這並不是說他們的行為如今產生變化，而是在時間這位療癒者的引導下，我能更加去感受他們的經歷，而不是只執著於自己的部分。

我最後明白了為什麼我認識最聰明的兩個人，無法清楚地洞察我所看見的事情，答案很簡單，我不是他們。我擁有全新、開放的視角，不受他們經常遇到的緊張和壓力所影響。

這樣的領悟發生在我父親去世前五年。某日如同天降神諭，我的直覺突然以響亮而清晰的聲音說：「再過幾年，你父母就會雙雙過世。」那時我正在洗澡，體認到這件事讓我哭得痛徹心扉，每一波淚水之間都有著長長的沉默。我記得自己大聲地說：「我很抱歉，爸爸媽媽。你們已經盡力了，這已經足夠了。你們給了我一個充滿愛和支持的美好人生，無論我敏感的身體感覺如何。請原諒我一直在批評你們，願未來幾年成為我們關係最好的幾年。」

從那個決定性的時刻開始，我更加理解我的父母，儘管他們根本沒有改變。我甚至與他們分享了我在洗澡時說的話。知道我對自己全然不完美的成長過程感到十分感激，他們的眼中充滿讚賞，這真是讓人感到鬆了一口氣的時刻。儘管我的童年因為天生的共感能力變得比較辛苦，但那也正是我需要的，讓我為現在從事的療癒工作做好準備。

父母親擁抱我說：「沒有什麼需要抱歉的，我們才是感到抱歉的人。」我感覺羞恥、內疚，這些深深埋藏的家庭模式從我們身上消失了，這是甜蜜的勝利時刻。我們是打扮成人類的靈魂，用盡全力想要一起解決所有問題。在那一刻，就好像爸爸、媽媽和我摘下了我們角色的面具，互相恭喜彼此成為宇宙夥伴，他們已經進入了我們在某種程度上同意幫助彼此達到的轉化階段。

正如我的直覺所言，幾年後，我父母的健康狀況開始持續下降。父親的病情迅速惡化，有一天他只是稍微感到不舒服，但感覺一轉眼人就已經躺在家中進行安寧照護。同一時間，母親的癌症、類風濕性關節炎和雷諾氏症候群（譯註：Raynaud syndrome，因血管病變而導致的肢體末梢缺血現象，嚴重者甚至必須截肢）已經讓她無法使用手指，也無法在沒有幫助的狀況下行走。對於一個總是需要控制某些事情的女子來說，可說是天崩地裂的情況。她坐在我父親病床旁的輪椅上，在他去世時無法伸手觸摸他。我們把母親的手放在父親的手上，這樣她就可以在他最後的時刻陪在他身邊。

「我愛你，赫伯。」她抽泣著對她唯一愛過的男人說：「對於我為你造成的任何痛苦，我感到非常抱歉。你是最好的丈夫和父親，我會想念你的。」我撫摸著母親的背，感受著她小我的面具破碎時心碎的痛苦。小時候，我總是幻想著有一天我的父母會意識到他們缺點的嚴重性，而現在就在我面前上演。這是我期待已久的贖罪時刻嗎？絕對不是。看著我母親坐在垂死的丈夫身邊，因為無法好好控制自己的身體而感覺離丈夫很遠，我的心和她的心一起破碎了。

目睹母親的控制模式崩潰，她的內在小孩無助地在憤怒與諷刺之牆後面張望，這撼動我的內心，讓我有了轉變。那一刻，我真正了解寬恕的意義。親眼看到母親的傷口為她帶來了多大的痛苦，我意識到她在自己的生活中也是受害者。她並沒有與我、我姐姐或我爸爸對立，我爸爸也沒有與我、我姐姐或我媽媽對立。我們都處在相同的立場，大家都被未解決的痛苦模式所傷害，而這也是我們的靈魂成為人類所想要解決的事情。

喪偶之後，母親在生命的最後兩年非常不講理，她的控制模式並沒有完全消失，反而在許多部分變得更強烈。然而，由於目睹父親的逝世讓她情緒非常低落，我開始透過堅定的同情心來看待她的行為。她的古怪行為過去幾乎每時每刻都讓我煩惱，但那只是我從自己痛苦的角度看待它們的時候。一旦我了解她陷入多少深埋在心中的內在衝突，她所說或所做的任何事情都不會再讓我心煩意亂。

這種透徹的觀點也幫助我理解到，一旦你了解對方承受了多少痛苦，寬恕就會是一種突然浮現的本能，而非你需要做的選擇。我在多年前洗澡時選擇了原諒，雖然表面上感覺如釋重負，但我在父親臨終前默默提供的真實寬恕是一種本能反應，因為親眼目睹母親的絕望，如同親眼目睹自己的絕望。一旦我理解我和母親是兩個痛苦的人，除了寬恕之外，我別無他法。

在母親臨終的時刻，我能感覺到父親的靈魂、她一些已故的親屬和指導靈站在光的門前，準備歡迎她回家。我和姐姐都希望她能和我父親在一起，擺脫那些無情折磨她肉身的併發症。當她嚥下最後一口氣時，我感到一股真實的解脫湧上心頭。我們過去簽下互相作為母親、父親和兒子的合約現在已經完成了。聽過「靈魂契約」的概念是一回事，但當你發自內心體認到這一點，是完全不同的體驗。

一旦理解自己承受了一輩子的痛苦，等同於傷害我的人其一生所承受的痛苦，寬恕的特質就在我心中油然而生。我很肯定這絕非基於個人的喜惡判斷，否則無法解釋目睹母親埋藏在內心深處的痛苦時，我心中所湧起的謙卑、和諧與憐憫之情。

與其抗拒你的感受，或努力擺脫仍在腦海中盤旋的記憶，你也可能出乎意料地發現自己透過請求原諒，來幫助解救那些攻擊你的人，無論他們是扮演什麼角色。並不是因為這麼做是很正當的，而是為了打破虐待、忽視和創傷的循環——這種循環讓每顆心都充滿了絕望。

寬恕的特質

透過寬恕的特質，當你越能意識到他們所承受的痛苦，那些對於傷害你的人所產生的怨恨或批評就會消失。雖然小我會透過嘲笑他們的缺失和譴責傷害行為來充當你的保護者，但是在時間的療癒之下，你開始感覺到他們過去隱藏在你身上、那些難以忍受的痛苦，就會發現自己的旅程來到了一個解決的階段。即便你是那個傷害他人的人，隨著你更加敏銳地意識到自己未經處理的痛苦，在面對大多數人都否認的陰暗面時，你也會變得對自己更加仁慈。

寬恕與小我的信念相反，不是為無法容忍的行為辯護、將責任推到受害者身上、成為某人的出氣筒、合理化你所忍受的痛苦，甚至使用「靈魂契約」等靈性概念來維持有毒的關係。寬恕是去理解，你的痛苦實則等同於潛伏在那些以可怕、自私或破壞性方式行事的人身上的折磨。

在真正出現寬恕之前，小我會利用你痛苦的過去來發展一套自我中心的正義法則。大家普遍認為因為自己是遭受不公平待遇的人，所以有權用想要的任何方式對待那些傷害自己的人，直到認為夠了為止。在小我幻想攻擊自己的人變得無助、投降並搖尾乞憐的同時，一旦你看到其他人的內心填滿了種種創傷，就會發現一種超越自我境界的寬恕，這已經跨過了個人選擇和理智理解的範疇。這樣的體驗是急不來的，也無法預期何時發生，這就是為什麼時間是最明智的療癒者，它總是會幫助你為這個改變人生的啟示做好準備。

小我在讀到這些話時通常會想：「就算看到他們承受了多少痛苦，我也永遠不會原諒他們。」這確實是真的，因為小我試圖透過掌控寬恕來獲得控制權，但小我本身並不是寬恕者。隨著新的意識在你內心發展，這其實是宇宙以你的身分去寬恕他人。覺察到我們所有人都是一體的，任何縈繞各自心中、不和諧的傷口都會不由自主地釋放。寬恕的特質是一種富同情心的力量，「一體／合一」的真理藉由它在我們所有人身上顯現，你願意注意到那些傷害你的人的痛苦程度，會有助於激發這種恩典，即使攻擊者的痛苦深不見底也是如此。

你一直在為這種自發性的寬恕做好準備，所以這個意義重大的時刻發生時，通常不是由你主動採取行動，而是宇宙透過你自然展現出來。

知道為什麼很多人無法提供寬恕嗎？這是因為他們本身並不負責寬恕會在何時以及如何發生。在此之前，他們必須同樣保留空間來療癒自己的痛苦，同時慢慢、但肯定地接受這個事實：你在自己身上發現的所有痛苦，都與其他傷害者所承受的痛苦相同。願這股洞察力也能讓因那些仍有痛苦必須處理的人，得以結束因為自己沒有能力去寬恕而感覺到的「受害者羞愧」。

即使注意到這兩個相互連結的問題，小我也會很快地反駁：「那又怎樣?!他們有痛苦，誰在乎？那我呢？」值得慶幸的是，這種信念不會成為療癒的阻礙，因為目標不是從小我那裡獲得任何的寬恕。反之，你在聽到這些重複、自我放縱的想法時會突然敲醒你，讓你擺脫在家庭、人際關係和工作環境中扮演的角色。當你的覺察擴展到自我身分的框架之外時，將不會感覺有誰比其他任何人值得更多療癒；取而代之的是，保留空間將向你揭露一種深度療癒，只存在為所有人彼此解放而閃耀的合一之光。

這並非試圖把寬恕當成快速療癒的方式，而是讓你變得非常客觀地覺察到痛苦開啟了這樣的回憶——每個人都應該從人類痛苦的困境中解脫。雖然小我可能夢想著對那些冤枉、忽視或虐待自己的人進行報復，但當你能夠認知大多數人生活在其中的絕望牢籠後，就不可能再持有這種敵對態度。即使那些傷害你的人被繩之以法，無論小我多麼堅持，你都無法否認當真正的寬恕出現時，將有難以解釋的堅定信念澈底影響你。

敞開更大的空間，以讓真正的寬恕綻放

想像你在天堂收到一則訊息，靈性本源想和你說話，你激動地想知道會是什

麼訊息？靈性本源說：「我有一項任務要交給你，你願意接受引導嗎？」

「是的，我當然願意！」你高興地說，然後問：「你要給我什麼任務？」

「我創造了地球這個次元，將萬物的無盡之光顯化為物質形式，因此天堂方能了解自己是有形的物理物質。居住在地球上的每一位居民都是天堂透過各種個性組合認識自己的機會。天堂能經由地球的進化，以多種方式了解自己，但為了用前所未有的獨特方式進行了解，你被選中化身為天堂的下一個具體顯現的意識。」

「我覺得很榮幸。請問我在轉世前需要知道什麼？」你問。

「你的同意會讓你存在的每一個面向都開始運作。每一次的體驗都會提供你所有需要知道的事情。不用擔心，如果你錯過了指示，它們會重複出現，直到你看到並接收到為止。自由地以想要的方式體驗每一刻，你就能成功。」

你開心地點頭同意，靈性本源又給了更進一步的任務。「雖然你一開始可能會忘記這些話，但請注意這些指示，你會在覺醒的過程中逐漸想起它們。你的意識層級會不斷計畫，收集各式經驗和與人相遇，全都是為了讓天堂能透過你進化。天堂的任務是透過你獨特的表現，來培養自己化為人形時所擁有的最高特質。如果遭遇痛苦，那只是為了讓你踏上通往快樂的旅程。如果有離棄，那只會引領你更加包容。如果有悲傷，那只是為了加深天堂對幸福的理解。如果有磨難，那只是為了塑造觀點，讓自由解放的意識得以開始覺醒。

「其他人將出現在你的道路上，幫助你加深、琢磨和掌握每一個基本特質，知道所有的低潮都只是為了找到下一次的高峰。只要你一直記得內心的天堂，就會了解自己是天堂的獨特探索管道。無論你遇到什麼樣的人、他們的行為多卑鄙，或地球領域與你的天堂家園感覺多麼不同，請理解，我以無聲提醒之姿棲身於所有人當中（包括你），只有靈性源頭的雙手正在塑造你的最美好的模樣，並引導你透過一個接一個的際遇往前邁進。」

你理解這些指示後一股感覺襲來，幾乎就像一種消失的感覺。你下一件知道的事就是看到自己小小的雙腿在踢動，陌生的面孔聚集在周圍，為家中增添的新成員感到驚嘆。這是認識自我的天堂之旅開始的時候。就在此刻，寬恕的特質開始茁壯，同時隨著時間的流逝，成為最偉大的療癒者。

可能會出什麼問題呢？

由於寬恕的覺醒是超乎個人意願或控制範圍，因此唯一可能出錯的事就是在它真正自行發生之前努力嘗試寬恕。雖然渴望免於痛苦和折磨是很自然的事，但你無法藉由說出「我原諒你」這句話來強行啟動寬恕的力量。一旦明白無法強迫自己去原諒，你也就明白無法迫使別人去寬恕。

由於寬恕是自發性的，這導出一個問題：寬恕的特質會培養出什麼？答案是一種變得更寬容的特質，它不會讓你有能力去掌控寬恕，而只是透過幫助你更加意識到傷害你的人所擁有的痛苦，軟化每一個內在的稜角。也就是說，當你對自己的痛苦擁有更多覺察，就會強化你為他人的痛苦、恐懼和批判保留空間的能力，而透過這個空間，你就是在準備迎接真正的寬恕降臨的那一刻。這不是一個可以倉促進行的過程，也不是任何人建議你應該寬恕就會有幫助的。事實上，這是每個人注定自然而然會收到、最不可思議的贈禮之一。

即使你在寬恕自己時注意到內心忿忿不平的抗拒，請不要難過或認為你的療癒之旅失利。何不反過來以此為契機，感謝你內心每一個痛苦的部分，因為它忠於自己以及它所走的道路？

小我相信如果能以破紀錄的速度療癒一切，就會有更多的時間做自己想要的事情，花更少的時間在不想要的事情上。但事實是，每一個標誌性的體驗都是在你出生前以完美意圖所打造的。自由意志會在你選擇如何看待特定經驗的時候發揮作用。隨著時間過去，保留空間的神聖藝術將你從「控制自己的旅程」或「控制別人的進化」的傾向中釋放。相反地，轉化的步調會放慢，以便與你自己、所愛的人、認識的人，甚至是那些你可能忽略或鄙視的人進行更真實的交流。

無論你的人生目前正在經歷情緒困難、劇烈痛苦、極度疲憊，還是仁慈恩典不由自主爆發的時刻，你都可以珍惜每一次得與失，因為它是為了幫助所有誕生在這顆星球上的人進化而精心策劃的。藉由存在於你確切應該所在之處，無須倉促處理、羞辱受害者或想像你錯過了的那些事物，何不深吸一口氣，恭喜自己已經走了這麼遠，同時深入了解你的心——不管發生了什麼事，到頭來一切都是對的。

為寬恕設定意圖

為了軟化身上的稜角和逃避模式，並為自己和他人保留寬恕的空間，請大聲念出以下句子：

我要透過寬恕的特質為自己和他人保留空間，無論我是否感到痛苦或懷有怨恨。我培養寬恕的特質，藉由接納時間作為最明智的療癒者來軟化每一道憤怒。無論我的小我有多頻繁地嘗試控制寬恕，我都接受這是一個無法強迫、操縱或快速成功的過程。這有助於我理解寬恕的特質，也就是透過理解自己身上的痛苦同樣存在於那些傷害過我的人身上，進而軟化我內心的憤怒。透過接納寬恕的特質，我開始觸及宇宙蘊含的合一真理，我從自己的能量場清除所有關於二元性、背離靈性源頭、失去人心，以及比較、競爭與不和諧的模式，讓這些模式回到根本的源頭，全然轉化，現在完全療癒。

我允許寬恕的特質激發我最深切的誠摯臣服，就算它會被曲解、忽視或拒絕，甚至是面對與我相對的立場也一樣。若是這些情況傷害了我的感情、引發過去創傷的回憶、讓我對他人更加不信任、變得自我封閉或心生憤恨，或者明顯的疲憊狀態，我會為自己提供一個神聖的空間與感受相處，並向任何破碎的部分，獻上寬恕這份禮物。無論是給予自己、他人或是對全人類的祝福，我歡迎並且允許寬恕浮現，作為我對療癒所有人的貢獻。

寬恕的支持性聲明

「不管發生過什麼事，一切到頭來都是對的。」

透過寬恕的特質，你接受「時間」是所有人最好的療癒師。雖然小我認為你會透過有多快把事情「做對」來進行療癒，但時間會溫柔地引導你前進，總是幫你為那些無須有所預期的結果和情況做好準備。你可能會想：「但如果我準備得更充分，在每個時刻被觸發的情緒就會更少。」然而，「情緒激動」反而證實了這一刻是為你當下準備好要療癒的部分所量身打造。這就是為什麼寬恕的支持性聲明是「不管發生過什麼事，一切到頭來都是對的」。

你不必找出原諒的方法，身為保留空間者，你的角色就是在心中明瞭：一切都是由知曉現實的本質是完美的、充滿愛的造物者所打造。以寬恕的支持性聲明「不管發生過什麼事，一切到頭來都是對的」作為開場白時，你便允許每個人都有權經驗他們的歷程，無論發展有多慢或模式重複的頻率有多高。

這句話也可作為對痛苦的肯定，提醒我們「合一意識」總是握有最終決定權，也會讓命運繼續運作，就為了提醒你「天堂透過你獨特的進化不斷地了解自己」。當你勇於比在別人身上感受到的稜角更柔軟、比想像中的批判更開放、比現代社會無意識的快節奏更符合時間的慢步調，你就會進入最佳視角，並透過保留空間與最神聖的合一真理保持一致。無論這已然在你的內在甦醒、隨著時間推移繼續開放，還是即將點燃你從未經歷過的神性火花，它只是偽裝成一個不斷變化的世界，以確保每個人「不管發生過什麼事，一切到頭來都是對的」。

寬恕的行動

透過寬恕的特質，你對人類苦難的覺察會成為最有力的平衡工具，幫助你解開因為經常壓抑自身痛苦所創造出的自我中心模式。

你可能不再急著去批評別人的殘忍，而是會反思一下，想像他們必須忍受多少痛苦，才會以如此糟糕的方式對待自己或別人。雖然這種同理的觀點並不能合理化所有不人道的行為，但是它會提醒你：沒有苦難的世界不可能從經常性的羞辱、破壞性的八卦或自以為是的譴責中誕生。雖然有些掠奪者需要由司法體系制裁，才能保護其他無辜之人，但是在快速伸張正義的同時，保有對他人痛苦的仁慈覺察是並行不悖的。

也許你因為自己無法寬恕而感到羞恥，也許這是你為最深層的創傷，提供愛、同情和全然的陪伴的最佳時機。

你是否想過，花時間正視自己「擁有」而非「想要」的事物，真正的目的並不是要讓你更順利顯化出渴求的東西，而是覺察生活中的一切都是宇宙的精心安排，進一步翻出此生要來療癒的壓抑情緒。你的存在本身就是宇宙給出各項贈禮的原因，你也永遠不會因為想要的東西尚未出現而受到責備。你是否準備好將時間視為最偉大的療癒師，而不是視為阻礙你內心快樂的障礙？

從更新穎的保留空間觀點來看，或許讓一切保留原貌是沒關係的；或許允許對方懷恨在心直到不再怨恨，也是沒關係的；或許一切都如此發生也沒有關係；或許無論背後原因為何，事情沒有順利發生，也沒有關係；或許從不順利、到注意進化之美如何完美地展現，也是可以的——不管在過程中，有什麼是你喜歡或不喜歡的。

或許就是因為「不管發生過什麼事，一切到頭來都是對的」，你就不必那麼努力地把一切都弄清楚。反之，你可以只作為進化恩典的接受者，讓一切注定要發生的事情在其獨特的時間點發生。即使小我認為需要進化得更快，你也可以簡單地把手掌放在心口，給予自己同理的支持以應對任何挫折。

寬恕的日常實踐

如果想將寬恕的特質帶到覺察之中，請嘗試以下的實踐方法：

- 對於每位擾亂、激怒或讓你感到挫敗的人，請花點時間思考他們必須忍受多少損失、痛苦、創傷和絕望才會變成現在的樣貌。願每次你迷失在責備中時，都能激起對他們苦難的沉思，解放每一次批判。
- 冥想就是在與時間和解。當你能夠暫停片刻來細細體會每一次呼吸，你就培養了和諧，為合一的真相提供更大的空間。雖然冥想不能迫使覺醒發生，但它會發出準備就緒的訊息，讓宇宙意志的奇蹟、魔法和同步性進入你的覺察領域。
- 如果你發現自己對於時間有一些心魔，請嘗試說出生命永恆的真理之一：「我不一定總能得到我想要的，但我總能擁有我需要的一切。」願你感受到這種智慧如何輕輕舒緩神經系統，讓你回到當下。想要更加開拓自己的觀點，請試著慢慢複誦這個聲明五到十次，你可以根據需要一天中重複多次。

結語／活出「一切都是為了愛」的真諦

透過這段保留空間的旅程，你已經了解到傾聽是幫助他人的第一步。當你記住這段過程無關乎你或他人不知道的事情，你無法倉促處理已埋藏許久的事物，親密關係之美就會綻放。當憤怒是某人創傷的重演時，它很可能會揭露此人在與他們的痛苦作鬥爭，尤其是在你被推開時。這可以讓你獲得更深同理心，就不會過度把別人的絕望視為自己的問題，變成你要處理的另一個傷。隨著多樣性成為同理心的指路明燈，你就能更尊重界線是一種自愛舉動。透過這個更真誠的連結空間，你將培養出情緒的平衡，幫助你尊重自己的需求並支持他人的旅程，而不會過度付出讓自己筋疲力盡。感恩一向是得宜的，當覺察被放大時，無論面對的是你喜歡或不喜歡的事物，都可能感受到神性海納百川的存在。雖然面對「現狀」可能會讓人不舒服，但沒關係，這是一份解放的禮物，要讓你擺脫恐懼，同時放慢你的速度，讓你理解時間是最明智的療癒師。

無論是為了你自己還是為了回應他人，願你以鼓勵的態度傾聽，以肯定的方式領導，以敬重的觀點分享，以仁慈的態度回應；體現價值，接納耐心，表現尊重，表達感恩，勇敢生活，並允許寬恕喚醒我們心愛的地球的療癒、解放和幸福。

願保留空間成為你的內心宣言和持續祈禱，帶著它直接回應你那變化萬千世界的細節和需求。因為保留空間是一種你可以公開分享的賦權禮物，我邀請你以最大努力的能力和與生俱來的勇氣，讓奇蹟開始為你帶路。

願它帶給你一直在尋找的生活冒險。

願它解答你心中揮之不去的疑問。

願它指引你跨越絕望的門檻，進入充滿同情心信念的天堂。

願它免除你的傷、與你的過去和解，並開始航行回家，進入你神聖心靈空間的無垠深處。

從這一刻起，願你覺醒之心的命運自由閃耀，造福所有進入你無瑕完美存在的人。透過保留空間的變革力量，活出「一切都是為了愛」的真諦。無論這是我們首次相遇，還是透過團體療癒活動所加深的連結，能夠在每一頁中為你的進化服務，並且有你成為我進化的一部分，我感到非常榮幸。

謝謝你的這份禮物。

致謝

首先，我要感謝你，每一位讀者，感謝你敞開心扉接受這種以心為本的參與方式，並邀請每一份我生來就為了要分享到你生活中的贈禮。願它們在你不斷擴展的自我關愛和綜合實踐的道路上為你服務。

我要感謝我的姐姐香儂，以及所擁有的家人一直以來的支持，包括我的父母，他們都在天堂安歇並看顧著我。感謝爸爸媽媽的定期拜訪，感謝你們允許我分享個人故事，這些故事有助於讓我將保留空間的過程，轉變為讓所有接納它的人以驚人幅度改變人生的旅程。感謝你們對我堅定不移的支持和信任以及你們的熱忱，讓我分享我們的回憶與人牛課題，這為全世界的人際關係及家庭帶來了珍貴的療癒。

我還要感謝我的團隊每天的支持以及充滿愛的服務，幫助我進一步完成我的人生使命。無論你是在我擴張的關鍵階段、還是從最初就與我同在，我衷心感謝你在我們為人類覺醒服務時提供的所有幫助和奉獻。

感謝我的作家經紀人兼親愛的朋友肯尼．瓦普納（Kenny Wapner），感謝你在整個過程中擔任了不起的指路明燈。特別感謝塔米．賽蒙（Tami Simon）、傑米．施瓦爾布（Jaime Schwalb）和 Sounds True 的每個人，與他們的合作在各個面向都非常愉快。正如桃樂絲在《綠野仙蹤》結尾所說的：「沒有比家更好的地方了。」還要特別感謝蘇珊．荀蘭特（Susan Golant），她是一位無可挑剔的編輯魔法師，我很幸運能一直向她學習。

最後，我要感謝我的神聖指引，讓每一個書面和口頭表達的能量得以傳遞，以及 Love Revolution 的每一位成員，他們為了我們正在覺醒的星球而聚首。

我從靈魂深處愛著你們。正如我常說的：這不是結束，只是全新冒險的開始。

一切都是為了愛。

麥特・坎恩

國家圖書館出版品預行編目 (CIP) 資料

情緒留白 : 為自己和別人保留空間 , 讓每次相遇都是成長的開始 / 麥特 . 坎恩著 ; 梵妮莎譯 . -- 初版 . -- 臺北市 : 遠流出版事業股份有限公司 , 2023.07
面； 公分
譯自 : All for love : the transformative power of holding space

ISBN 978-626-361-147-4(平裝)
1.CST: 自我實現 2.CST: 人際傳播 3.CST: 人格特質

177.2　　112008426

情緒留白

為自己和別人保留空間，讓每次相遇都是成長的開始

作　　者｜麥特・坎恩
譯　　者｜梵妮莎
總 編 輯｜盧春旭
執行編輯｜黃婉華
行銷企劃｜鍾湘晴
美術設計｜王瓊瑤

發 行 人｜王榮文
出版發行｜遠流出版事業股份有限公司
地　　址｜臺北市中山北路 1 段 11 號 13 樓
客服電話｜ 02-2571-0297
傳　　真｜ 02-2571-0197
郵　　撥｜ 0189456-1
著作權顧問｜蕭雄淋律師
ISBN ｜ 978-626-361-147-4

2023 年 7 月 1 日初版一刷
定　　價｜新臺幣 390 元
（如有缺頁或破損，請寄回更換）

YLib.com 遠流博識網
http://www.ylib.com
Email: ylib@ylib.com